지붕 위의
초상화

지붕 위의
초상화

이선재 수필집

책을 내며

수필로 등단한 지 6년째입니다. 2019년 봄 개설한 글쓰기 반은 사단법인 한국수필가협회 이사장 최원현 선생님의 첫 출강이었고 나도 첫 수업이었습니다. 감히 엄두도 못 내고 멀리서 그려보기만 하던 글쓰기 공부를 여든 살이 돼서야 용기 내 등록한 첫날이었습니다. 그날부터 매주 한 번의 글쓰기 수업은 내 생활의 중심축이 되었습니다. 듬직한 남자 문우들과 문학소녀 티를 풍기는 문우들과의 자유로운 문학적 교감과 소통은 나를 젊고 행복하게 합니다.

올해는 우리나라가 독립한 지 80주년이고 한국전쟁이 발발한 지 75주년입니다. 우리 세대는 민족의 수난과 혼돈의 시대를 헤쳐 나와 한강의 기적을 일궈냈습니다. 지금 풍요로운 환경에서 살고 있는 우리는 세계인들을 사로잡는 한류열풍으로 한민족의 정신이 깃든 문화 및 예술 선도국이라는 자부심을 가지고 있습니다.

나는 변화무쌍한 역사의 한가운데를 지나왔습니다. 전통적인 아름다움을 지향하면서도 패션문화의 새로운 변화를 추구하는 탐구적 가치가 누군가에게 작은 씨앗이 되기를 바라면서 가정과 교직을 병행하며 걸었습니다. 내가 지나온 길에는 부모님과 온 가족의 사랑이 함께했고 주변 분들의 도움도 컸습니다. 운도 따랐고요. 한세상 살면서 겪었던 고통과 힘들었던 일들도 이제는 아름다운 추억이고 그리움입니다.

　속절없이 흘러가 버린 세월 틈새로 문득 떠오르는 기억 속의 사람들, 마음 깊숙이 담겨있던 내 삶의 투박하고 밍밍한 이야기를 글로 엮어 내놓으려니 두렵고 부끄럽기 그지없습니다. 그래도 글쓰기를 가르쳐주신 선생님과 같이 공부하는 문우들의 격려로 용기를 내어봅니다. 황혼길을 걷는 내가 수필 입문 여섯 살의 손길로 그려내는 삶의 이야기가 노을처럼 전해지길 바라는 마음입니다.

　나를 수필의 세계로 이끌어 주시고 발문까지 써주신 최원현 이사장님께 머리 숙여 감사드립니다.

　오늘이 있기까지 나와 인연을 맺은 따스했던 모든 분들께 감사드리며, 결혼 60주년을 맞이해 한결같은 남편과 사랑하는 가족에게도 고마움을 전합니다.

2025년 9월
이선재

차례

책을 내며 4
발문 | 최원현 283
　　기억의 시간, 회고적 수필의 문학성과 그 의미

1. 가슴 설레는 그리움

머나먼 고향 15
가슴 설레는 그리움 23
99일간의 전설 27
어떤 선택 34
선생님과 도가니탕 40
모교 나들이 46
그때 그 선생님 53
그리운 금강산 58
지붕 위의 초상화 63
오래전에 부친 편지 68

2. 미화된 기억

패션의 물결 속에서　77
런던 거리의 펑크 바람　81
스트리트 패션　88
미화된 기억　94
한복, 그 영원의 메시지　101
한복 사랑의 전설　106
추억으로 하는 여행　112
경주의 그날　117
긴 겨울밤의 꿈　123
알래스카 하이웨이의 천사들　129

3. 인연의 꽃들

그해 여름은 행복했네 137

소중한 인연 145

중매쟁이가 된 교수님 149

주례를 부탁합니다 154

운명이 바꾼 사랑 160

라인댄스 포에버 168

인연의 꽃들 174

동행 180

모처럼 함께한 우리 185

4. 내 사랑 숙명

아주 멋진 하루 195
내 사랑 숙명 201
버려진 피아노 207
박수 치며 살래 213
대학인의 의사표시와 대학 언론 218
제2 창학과 학생문화 223
학생복지 중심 대학 227
숙명, 21세기를 주도한 동량 230

5. 은은한 향처럼

가정대학 60주년의 소회 239

은은한 향처럼 248

가을 숲을 걸으며 253

생동의 시절 258

조용하고 부드러운 품격의 저력을 배운다 264

오페라의 마지막 에필로그 막은 올랐습니다 269

훈훈한 인간미 272

이선재 교수님을 기리며 275

교수님과의 소중한 인연에 감사드리며 279

차례 11

1.
가슴 설레는 그리움

머나먼 고향
가슴 설레는 그리움
99일간의 전설
어떤 선택
선생님과 도가니탕
모교 나들이
그때 그 선생님
그리운 금강산
지붕 위의 초상화
오래전에 부친 편지

머나먼 고향

8·15 광복 당시 우리 가족은 황해도 해주시에서 살고 있었다. 삼팔선을 경계로 해주시는 북한에 속하게 되었고 본가가 있는 황해도 옹진군 내 고향은 남한 땅이 되었다. 이렇게 우리나라 국토가 분단된 줄도 모른 채 나는 왼쪽 가슴에 이름표를 달고 유치원에 다니면서 마냥 즐겁기만 했다.

아버지가 황해도청에 다니실 때의 우리 집 뜰에는 사철 피고 지는 꽃밭이 있었고, 각종 푸성귀와 토마토 오이 가지가 열리던 텃밭도 있었다. 한여름에 옥수수가 여물고 있는 울타리 안쪽에서 동네 아이들과 술래잡기하다가 엄마가 쪄주던 옥수수를 하모니카 부는 시늉을 하면서 먹으며 웃어댔다. 한번은 유성기(축음기) 판을 조각내 몇이서 멀리 차기 내기를 하다가 아버지께 들켜 꾸중을 듣기도 했다. 양철지붕 집엔 온돌방과 두 개의 다다미방 사이에 마루가 있었고 목욕탕과 재래식 화장실이 집 안에 있었다. 목욕

하다가 욕조 밑에 깐 나무 발판을 잘못 디뎌 무쇠 솥바닥에 발을 데어 펄펄 뛰던 생각도 난다. 가끔 아버지가 출장을 가시면 집에 마실 온 아주머니들 앞에서 언니와 나는 엄마의 뉴똥치마를 머리서부터 늘어뜨리고 치마폭을 펼쳤다 감쌌다 하면서 노래를 부르고 춤도 추며 재롱을 부리기도 했다.

몹시 추웠던 어느 겨울날 출장 가셨다는 아버지는 돌아오시지 않았다. 월남하셨다는 사실은 어머니만 알고 계셨다. 해방의 기쁨과 흥분이 채 가시기도 전에 정치적 성향이나 이념과 이해관계에 따라 사회는 혼돈 속에 빠져들었고 월남하는 사람들과 일부 월북하는 사람들로 삼팔선엔 삼엄한 경계망이 쳐졌다.

그다음 날밤 엄마는 집안에 사람이 사는 것처럼 보이려고 불을 환하게 밝혀 놓고 살림살이를 그냥 남겨놓은 채 사람을 사서 이불과 옷 보따리와 그릇 몇 개를 싣고 집을 나섰다. 달구지에 다섯 살짜리 동생과 엄마와 나, 그리고 오빠와 언니가 타고 아저씨는 맨 앞에 앉아 소를 몰며 꽁꽁 언 길을 덜커덕거리며 갔다. 삼팔선에 근접해 살고있던 외당숙과 외당숙모는 새벽녘에 찾아온 우리를 보자 황당한지 난처한 표정을 지었고 엄마는 미안해 어쩔 줄을 몰라 하셨다.

거주증 없이는 왕래할 수 없었고 보안이 철저하던 때였으니 객식구를 집에 들인다는 게 위험천만한 일이었을 게다. 양조장과 방앗간을 운영하던 외당숙이 우리에게 집 한편을 내어준 덕분에 숨어 지낼 수 있었다. 친정이 이곳보다 북쪽이라 사촌 동생 내외의 신세를 져야만 했던 엄마의 심정은 얼마나 염치없고 괴로우셨을까.

며칠 후 아침에 일어나 보니 오빠와 언니가 보이지 않았다. 앞잡이를 세워 월남을 시켰단다. 언니 오빠가 없어 허전하고 불안한 나는 주눅이 들어 외갓집 눈치를 보며 지냈다. 어린 여자애가 둘에다 배가 불러오던 엄마는 몸을 풀기 전에 탈북하려고 애썼으나 앞잡이를 구할 수가 없었다고 했다. 앞잡이들은 밤이 짧은 여름과 달 밝은 날은 피했단다.

그러던 중 엄마는 아홉 살 터울인 남동생을 낳으셨다. 하루는 여동생을 데리고 아기 기저귀를 빨러 가는 아줌마를 따라갔는데 내가 한눈을 파는 사이에 동생이 없어졌다. 혼자 외나무다리를 건너다가 떨어졌는지 냇가에서 미끄러졌는지 물에 빠져 떠내려가는 동생을 어떤 이가 건져 업고 집까지 뛰어갔다. 아줌마는 봄철이라 저수지의 수문을 열어놔 물이 불어난 탓에 몹쓸 변을 당했다며 울부짖었다. 맘 놓고 통곡도 못 하는 엄마의 슬픔이 얼마나 크셨을까. 그런데도 엄마는 오히려 겁에 질려 울지도 못하고 헛소리까지 하는 나를 다독이며 어루만져 주셨다.

해산 후 부기가 빠지기도 전 우리는 작은외할아버지가 손질해 놓은 동생 무덤을 찾아갔다. 과자랑 사탕을 무덤가에 놓고 한참을 앉았다가 해가 뉘엿뉘엿 질 때에야 이모네 집으로 갔다. 나는 학교 선생인 이모와 이모부를 처음 만났다.

엄마는 이모에게 피해를 입힐까 봐 한번도 오질 않았단다. 이모가 아침 밥상을 차려 놓고 출근해 버린 집안은 조용했다. 아기에게 젖을 물린 채 엄마는 잠드셨고 나도 그 옆에 누워 멀뚱거리고 있는데 작은외할아버지가 문을 여셨다. 어젯밤에 안 보여 걱정하다가 마침 오일장이 열리는 날이라 들르셨단다. 엄마는 아기를 업으시더니 장에 가자고 재촉하셨다. 한참을 시골 장터에서 서성이던 엄마는 내 손을 잡으시더니 어떤 낯선 장사꾼을 무작정 따라갔다.

나중에 들은 얘기로는 엄마가 그날 아침결에 갓난아이를 끼고 잠깐 눈을 붙였는데 꿈에 순재(죽은 여동생)가 문을 열고 들어오는데 바로 그때 작은외할아버지가 기척을 내며 문을 여시는 바람에 놀라 깨셨단다. 그 길로 장터로 간 엄마는 그 장사꾼을 보자 왠지 죽은 딸이 보낸 귀인으로 여겨져 우리의 생사를 그에게 걸었단다. 행색이 시골사람과는 딴판인 우리를 이상하게 여긴 그는 도망치듯 빨리 걷기도 하고 길가에 앉아 쉬기도 하면서 우릴 따돌리려 했다. 같이 가던 사람들이 중간에 하나둘씩 없어지자 우리보고 어딜 가느냐며 다그쳐 묻기도 했다. 나는 친척 집에 간다며 둘러대는 엄마가 창피해 일부러 딴청을 하며 걸었다.

한적한 시골길을 걷고 또 걸어 어스름한 저녁 무렵 우리는 삼팔선과 아주 가까운 초라한 집 몇 채가 있는 외지고 작은 마을에 도착했다. 우리가 허름한 그의 집 안방과 붙어있는 골방에서 아무도 알아차리지 못하게 숨죽이고 있을 때 마실 갔다 돌아오는 식구들이 우루루 몰려왔다. 그들은 안방에서 담배를 피우며 큰소리로 떠들었다. 그들에게 들킬까 봐 엄마는 깜깜한 골방에 서서 기침을 참아가며 아기를 계속 도닥여주고 나는 방구석에 개켜져 있는 이불에 엎드려 있었다. 그러다가 한밤중에 여장을 한 그분을 따라 자고 있는 그 집 식구들이 깰세라 조심조심 안방을 빠져나왔다. 캄캄한 밤하늘엔 별들이 반짝였다.

그분은 여름철이라 밤이 짧으니 빨리 걸으라고 재촉했다. 넘어지더라도 절대 소리를 내면 안 된다고도 했다. 엄마는 동생을 등에 업고 나는 아버지가 사주신 빨간 가죽 가방을 등에 졌다. 험한 길을 엎어지며 힘겹게 산을 넘고 들판에 엉덩방아를 찧어가며 한참을 걸었다. 아버지와 오빠 언니도 이랬겠구나 생각하면서 걷고 또 걸었다. 그런데 그 긴 시간 동안 신통하게도 갓난아기는 한 번도 울지 않았다.

그분은 "삼팔선을 넘었으니 여기서부터는 남한."이라고 하면서 내 머리를 쓰다듬어 주셨다. "이 언덕 아래를 내려가면 초가집 몇 채가 있으니 재워달라." 하라고도 일러 주셨다. 그분이 날 밝기 전에 돌아가야 한다고 하자 엄마는 "은혜를 잊지 않겠다."면서 잘살라며 뭔가를 쥐여주고 헤어졌다. 우리가 언덕을 내려오는데 총소리가 들려왔다. 그가 총에 맞은 것 같다며 애석해하면서 엄마는 첫 번째 집 대문을 두드렸다.

 그 집주인은 문을 열어주며 이젠 맘 편히 먹어도 된다면서 우릴 받아주었다. 그 집 식구들과 어울려 아침밥을 먹은 후 엄마는 속주머니에서 또 뭔가를 꺼내 주인에게 건네셨다. 삼팔선이 생기면서 농사일밖에 모르던 사람들이 월남인을 재워주고 돈이나 패물을 받아 생계에 보태는 모양이었다.

 할아버지 성함을 댔더니 그 집 주인이 어딘가로 가서 전보를 치고 왔다더니 한참만에 어떤 분이 마차를 끌고 왔다. 산 밑에 일곱 채가 나란히 이웃하고 사는 동네 사람들이 수군거리면서 구경하고 있는 마차에 올라탔다.

 하룻밤 사이에 공산 치하에서 벗어나 봄기운이 감도는 산과 강을 바라보니 기분이 날아갈 것 같았다. 순간 아버지와 오빠, 언니 얼굴이 떠오르면서 외당숙네와 앞잡이 아저씨가 참 고맙다는 생각도 들었다. 넉넉하고 평화로워 보이는 마을과 그 앞으로 펼쳐진 넓은 논과 밭, 마을 어귀에서 왔다 갔다 하는 사람들을 보면서 조용한 가로수 길을 달려와 할아버지 댁 마당에 도착했다. 소식을 듣고 몰려든 일가친척들과 동네 사람들의 편안하고 순박한 모습들은 더없이 행복해 보였다.

우리를 보자 언니가 울며불며 엄마 품에 매달렸고 할아버지와 할머니, 그리고 두 분의 작은 아버지 식구들이 모였다. 엄마는 순재를 찾으면서 우는 언니를 끌어안고 달랬다. 동네에 사는 친척들까지 모두 와서 큰댁 종부가 살아왔다며 반색했다.

여자들은 여러 개의 밥상이 차려져 있는 안채 넓은 방에서 밥을 먹는데 친척들이 고생했다며 맛있는 음식을 입에 넣어 주셨다. 그런데 나는 빨리 언니와 놀고 싶은 마음뿐이었다. 직장과 학교 때문에 떨어져 살고 있던 아버지와 오빠는 다음날 저녁 무렵에야 도착했다.

오랜만에 온 식구가 함께했던 그날의 가슴 뿌듯함과 기쁨은 말로 표현할 수가 없었다. 부모님은 1953년 7월 27일에 생긴 휴전선 때문에 북한으로 넘어간 고향 땅을 밟아보지도 못한 채 영원한 실향민의 신세로 잠드셨다.

1948년 봄 어느 날 갓난애를 업은 엄마와 나는 삼팔선 바로 북쪽 시골 장터에서 생면부지인 어떤 장사꾼 뒤를 무작정 따라갔다. 무슨 인연이었을까. 자기 집에 데려다 숨겨주고 길 아닌 길을 안내해 준 그분은 우릴 살려준 생명의 은인이셨다.

삼팔선을 넘어 자유와 희망을 찾아 고향으로 가던 길은 스릴 있고 드라마틱하면서도 목가적인 정취를 자아내는 행운의 길이기도 했다.

꿈속인 양 아스라이 떠오르는 빛바랜 추억에 젖어 삼팔선이 아닌 휴전선으로 북한 땅이 되어버린 머나먼 고향을 그리워하며 바라보는 하늘엔 흰구름 한 조각이 외로이 떠 있다.

(2020년)

가슴 설레는 그리움

올여름 더위는 좀처럼 물러설 기미가 없다.

TV나 신문에선 올해가 한국전쟁 발발 73주년이고, 한·미동맹 및 한국 휴전협정 체결 70주년이라는 보도가 잇따른다. 우리나라가 광복 5년 만에 한반도가 남북으로 분단될 때 삼팔선은 황해도도 둘로 갈라놓았다.

삼팔선 이북인 해주에서 월남한 우리 가족은 오지에서 근무하시는 아버지를 따라 서해의 외딴섬인 용호도 번화가의 하얀 양옥집에서 살았다. 일본인이 운영했던 병원이었다는데 살림채와 진료실이 따로 있는 꽤 큰 관사였다. 나는 반들반들한 진료실 바닥에서 친구들과 모여 공기도 하고 인형 놀이도 하면서 재밌게 놀곤 했다. 엄마가 먹을 것을 진료실 안쪽에 있는 방에다 갖다 놓으시면 친구들과 먹으며 숙제도 하다 엎드려 낮잠을 자기도 했다.

바다에 둘러싸인 그곳은 자연경관이 아름답고 수산업이 발달한 곳으로 도로와 집들도 제법 도시화한 곳이었다. 그 당시 용호도는 동양의 나폴리라고 불리면서 관광과 휴양지로도 유명해 광복 전까지는 일본 사람들이 많이 살았다고 한다. 산기슭 바닷가 옆 2층 건물의 아담한 초등학교엔 학생 수는 많지 않았으나 운동장은 꽤 넓었다.

해주에서 1학년에 다니다가 월남하기 전 외갓집에서 지낸 공백기를 제치고 용호도 초등학교 2학년으로 들어간 나는 달라진 교실 분위기와 수업 내용에 어리둥절해하면서도 학교 다니는 게 즐거웠다. 월남할 때 메고 온 빨간 가죽 가방과 연필통과 책받침을 본 아이들은 신기한 듯 만져보면서 부러워했다. 선생님은 처음 접하는 이곳 생활에 적응하도록 나에게 신경을 써주셨고 순박한 동네 아이들도 잘 놀아주었다. 짝인 금자와는 항상 붙어 다녔다.

그 시절 나에게 학교는 선생님과 함께 교실에서 공부하고 노래를 부르다 종 치면 운동장으로 뛰어나가 놀던 신나는 놀이터이기도 했다. 방과 후에도 집으로 가지 않고 운동장 가장자리에 빙 둘러서 있는 나무 그늘 밑에 앉아서 땅따먹기도 하고 고무줄넘기도 하면서 놀았다. 봄에는 친구들과 함께 운동장 옆에 있는 산으로 올라가 진달래 꽃잎을 따먹으며 아까시아 꽃잎을 머리에 꽂기도 하고 목걸이를 만들어 걸기도 했다. 여름엔 큰 나무에 매달아 놓은 그네를 타기도 하다가 바닷가에서 미역먹도 감으며 놀곤 했다.

  3학년 가을 학예회 때 나는 연극 무대에서 많은 박수를 받았다. 지금 생각하니 백설 공주 역이었나 본데 대사 외우기를 힘들어하는 나를 안쓰럽게 여기신 엄마는 "계모에게 구박받는 불쌍한 애 역할이니 하지 말라."고도 하셨다. 그랬던 엄마는 구경 온 사람들 틈에서 울기도 하고 웃기도 하면서 제일 열심히 보셨다.

  연극연습을 하고 나오던 어느 날, 학교 신발장에 있는 신을 꺼내 신다가 현관 맞은편의 흰 벽면에 춤을 추듯 넘실거리는 물결무늬가 기묘한 곡선을 그려 내는 걸 보았다. 신기하게 생각돼 밖으로 나와 바다를 바라보니 석양에 물든 황금색 붉은 노을이 출렁대는 파도를 타고 넘실거리고 있는 게 아닌가. 아름답다기보다 범접하기 힘든 신비로움에 무서움이 엄습해 와 넋을 잃고 꼼짝 못 하고 서 있던 그 묘한 감정은 지금까지도 내 가슴에 명징하게 살아있다.

  내가 4학년이던 여름 어느 날 난리가 났다면서 보따리를 이고 지고 떠나는 사람들로 거리는 아수라장이 되었다. 1950년 6월 25일 북한군이 삼팔선을 넘어 우리나라를 침공한 한국전쟁이었다. 옆에 가까이 살던 담임선생님 가족도 금자네도 피난민 대열에 끼어 있었다. 그때 헤어진 이들은 다시 만나지 못하고 73년이란 세월이 흘렀다. 1953년 7월 27일 휴전선이 그어지면서 할아버지 집과 용호도는 북한 땅이 돼버렸다. 광복후 내 고향 황해도 옹진군과 서해의 작은 섬 용호도는 삼팔선 이남 지역으로 남한에 속했었다. 그러나 1953년 7월 27일 한국전쟁 휴전협정 후 황해도는 또다시 둘로 갈라져 내 고향이 있는 옹진반도와 용호도는 북한에 귀속되었다.

철없이 지낸 해주에서의 기억과 월남하려고 숨어 지내며 동생까지 잃어버린 외갓집에서의 슬펐던 기억과 아슴푸레하지만 2년 남짓 온 가족이 평안하게 살았던 용호도는 나에게 가슴 아프고도 아름다운 추억을 안겨준 잊지 못할 곳이다.

월남과 피난살이의 역경 속에서도 우리 5남매를 키우고 일가친척들까지 거두셨던 부모님의 은혜에 감사하며 용호도에서의 행복했던 시절을 되뇌어본다.

지평선 위로 석양에 물든 붉은색 하늘과 푸른 바다의 출렁이는 황금색 물결무늬에 황홀해하던 10살 적의 나를 뒤돌아보며 용호도의 아름답고 신비롭던 풍광에 예쁜 색깔과 향기를 닮아 내 가슴에 그려본다. 문득 바라본 파란 하늘엔 꽃처럼 피어오른 흰 뭉게구름이 평화롭게 흘러간다.

아름다운 용호도에서 즐겁게 지냈던 내 어릴 적의 행복했던 추억은 지금까지도 마냥 가슴 설레는 그리움이다.

(2023년)

99일간의 전설

　70년 전 유월의 그날은 유난히 무더웠다. 중2짜리 오빠만 데리고 아버지가 서울 발령지로 떠나신 지 달포만이었다. 아버지가 우릴 데리러 오신다던 엿새 전인 그날, 삼팔선 이남 조용한 용호도에 갑작스럽게 인민군이 쳐들어왔다.
　햇빛 쏟아지는 환한 대낮인데도 통행금지로 온 세상은 괴괴했다. 가끔 들리는 개 짖는 소리가 위안이 되기도 했고 공포를 부추기기도 했다. 푹푹 찌던 어느 날 밤 남동생을 업은 엄마와 언니와 나는 할아버지가 보내셨다는 아저씨를 따라 전주 이씨 효령대군 후손들의 집성촌인 황해도 옹진군 동강면에 있는 할아버지 댁으로 갔다.
　이미 이 마을도 인민군이 점령했다. 할아버지 댁 사랑채에 달린 마루와 손님방에 인민군 본부가 주둔해 있었다. 정예군은 아니었는지 그들이 처음 왔을 땐 짧은 저고리에 베잠방이를 걸친 몇몇 남정네가 군인들 속에 섞여 있었다. 그들 중엔 밭에서 일하다가 끌려왔다는 부자(父子)도 있었다.

할아버지네 앞마당은 아침저녁으로 100명 남짓의 군인들이 모여 훈련을 받았고 군가를 부르며 행진도 했다. 어떨 때는 며칠씩 그들이 보이지 않을 때도 있었고 낮엔 뒷동산에서 땅굴을 길고 깊게 파기도 했다. 그들이 마을에 머물 때 처녀들과 새댁들은 방 구석에 처박혀 지냈다. 삼복더위에 부엌과 뒤뜰에서는 아침저녁으로 아주머니들이 돌아가며 그들의 삼시세끼 밥을 짓느라 불을 지펴 안방은 발을 들여놓지 못할 정도로 뜨거웠다. 오죽하면 그 많던 여름철 빈대나 벼룩들의 씨가 말라 버렸다고 했을까.

친할머니가 아버지와 작은아버지를 남기고 세상을 뜨시자 할아버지는 처녀장가를 드셨다고 한다. 삼촌과 고모 셋을 낳아 키우신 얌전한 할머니는 외지에서 살다 온 맏며느리인 엄마와는 뜨악해 했고 우리들에게도 살갑지 않으셨던 것 같다. 언니와 난 옆에 사는 작은아버지 댁에 자주 가서 사촌 언니들과 놀곤 했다. 나보다 한 살 아래인 막내 고모는 애지중지하는 할머니 곁에서 맴돌기만 할 뿐 나와는 거리를 두었다.

한낮 심심하던 차에 나는 앵두나무와 자두나무가 있는 마당가를 서성이다 자물쇠가 걸린 채 광문이 빼꼼히 열려 있는 걸 보고 얼떨결에 들어갔다. 할머니가 함지박을 들고 자주 드나드시는 곳이었다. 흙벽 위로 높게 달린 긴 살창으로 저녁 햇빛이 살짝 들어오긴 했으나 어둑어둑한 광 안은 퀴퀴하고 시큼하면서도 들척지근한 냄새가 뒤섞여 풍기고 있었다. 흙 벽면에는 팔뚝만 한 굴비 두름과 박대들이 볼썽사납게 매달려 있고 곶감과 마늘도 가느다란 새끼줄에 묶여 걸려있었다. 그 바닥에는 크고 작은 독과 항아리들이 빙 둘러 놓여 있었다. 나는 아주 큰 독앞에 있는 디딤돌에 올라서서 무거운 뚜껑을 밀어보았다. 뚜껑에 앙증맞은 표주박이 매달려 있었다. 독 안에 뭐가 들어있는지 궁금해 표주박으로 퍼 올려 봤더니 연시가 곤죽이 돼 있었다. 얼떨결에 맛을 보면서 모험 동화의 주인공이 된 것 같은 기분도 들었으나, 순간 문이 잠기면 어쩌나 하는 불안감과 함께 뭔가 잘못을 저지르고 있다는 생각에 덜컥 겁이 났다. 부리나케 그곳을 뛰쳐나와 집 뒤에 있는 언덕으로 올라갔다. 인민군들이 파다 만 땅은 입을 크게 벌린 채 황톳빛 속살을 드러내놓고 기다랗게 누워 있었다.

작은 바위 위에 걸터앉아 마을을 내려다보니 붉은 노을로 물든 하늘 아래 옹기종기 모여 있는 초가집 굴뚝에선 하얀 연기가 피어오르고 있었다. 어디서 "음매" 하는 소리에 돌아보니 나무에 매어 놓은 소 한 마리가 나를 물끄러미 바라보고 있는 게 아닌가. 어미 소를 찾는 송아지인지, 아니면 송아지를 부르는 어미 소인지, 그놈의 멍멍한 눈빛이 외롭고 슬퍼 보여 나도 모르게 울컥하고 눈물이 났다.

　날 무척이나 이뻐해 주시던 아버지 생각이 났고 오빠도 보고 팠다. 지금 어디에 계시는지, 언제쯤에나 우릴 데리러 오실는지, 막막하고 서글펐다.

　마을 전체가 조용했던 어느 날이었다. 엄마는 아기를 보고 언니는 손수건에 수를 놓고 있었다. 아주머니들이 일하고 있는 부엌 한구석에 항상 쌓여있는 잔가지 나뭇단을 발로 슬슬 헤쳐 보니 무쇠 솥뚜껑 손잡이가 발부리에 걸렸다. 그걸 발로 밀치고 보니 바닥 깊이 묻은 항아리 속에는 윤기가 자르르 흐르는 알밤이 수북하게 담겨 있었다. 순간 군침이 돌면서 금방 찐 따끈따끈한 밤과 호호 불며 까먹던 군밤 생각이 절로 났다. 그때부터 부엌에 아무도 없을땐 밤을 꺼내 언니와 함께 먹으면서 광 안의 항아리들 속에는 어떤 별난 먹거리들이 들어 있을까, 궁금해하기도 했다. 저녁이면 안마당 한 모퉁이에 쑥을 태워 그 연기로 모기를 쫓곤 했다. 언니와 나는 가끔 평상이나 멍석 위에 누워 찐 감자나 옥수수를 먹으며 네모진 하늘의 별을 헤아리다 잠들곤 했다. 홀로 밤마실 나온 달님은 아빠를 그리워하는 나를 알아볼까, 갑자기 외로워져 울기도 했다.

　어느 날 아침 일어나 보니 온 마을이 텅 빈 듯 조용했다. 지난 밤에 그 많던 인민군들이 모두 북쪽으로 올라갔는지 감쪽같이 사라졌다고 수군거렸다. 옆 마을은 그들이 퇴각하기 전날 사람들을 산에 파놓은 구덩이에 몰아넣어 죽이고 달아났다며 술렁댔다. 우리 마을에선 그들이 총소리 한 번도 없이 퇴각했고 사람들 모두가 무사한 것이 지신의 보살핌과 조상님의 음덕이라며 고마워하면서도 마음을 졸이며 조심스레 지냈다.

인민군이 들이닥칠 때 할아버지는 작은아버지와 삼촌과 친척 아저씨, 그리고 집에서 부리던 머슴들을 ㅁ자형 집의 안채와 사랑채를 잇는 대청마루 밑 지하실에 피신시켜 놓고 몸소 그들 뒷바라지를 하셨단다. 등잔 밑이 어둡다면서 인민군 본부가 있는 집 안을 안전지대로 보셨던 할아버지의 지혜와 담력이 놀라웠다. 불시에 인민군들은 이 마을 젊은 남자들은 다 어디 있느냐면서 할아버지를 겁박했고 집안을 수색하는 등 난동을 피우기도 했다. 백발 때문에 연세보다 더 늙어 보인 환갑의 할아버지는 완전히 노인 취급을 받아 무사히 위기를 넘기곤 했단다.

소슬바람에 쓸쓸해지는 가을이 왔다. 하루는 할아버지 댁이 부산스레 들락거리는 사람들로 북적댔다. 아버지와 오빠가 부산까지 피난을 갔다가 9·28 수복으로 돌아오게 되었다며 잔칫집처럼 들떠 있었다. 아버지는 할아버지와 작은아버지와 삼촌과 함께 사랑채에 계셨다. 소년단복을 입은 오빠를 보니 참 멋지고 늠름해 보여 나도 모르게 어깨가 으쓱해졌다.

조선왕조 말에 태어나신 할아버지는 유교적 윤리 이념에 반론을 제기한 실학사상이 19세기 말 서양의 근대문명과 접촉하면서 연결된 개화계몽운동으로 전개되던 시대의 혼란한 소용돌이 속에서 청년기를 보내셨다. 게다가 일제강점기의 수난과 설움, 그리고 사회 문화적 변혁과 충격의 험난한 역경을 부딪치며 헤쳐 나오셨다.

그 곡진한 상황들이 점철되었던 긴 세월 동안 경세치용(經世治用)의 표상이었던 할아버지는 종가의 어르신으로 고향을 지키면서 지난한 삶을 담대하고 지혜롭게 녹여내신 분이셨다. 할아버지는 젊은 나이에 마을 길가에 관상수 대신 감나무를 심었고, 선산인 동백산에는 잡목을 밤나무로 바꿔 심어 아무나 밤을 따먹게 하셨다. 앞으로는 농사만 해 먹고 사는 시대가 아니라며 농한기에는 마을 내 머슴들에게까지도 글을 가르치셨다고 한다. 지금 고향의 황금 들판과 할아버지 집은 1953년 7월 27일 휴전선이 생기면서 북한 땅이 돼버렸다.

6·25전쟁 때 열 살 소녀가 어느새 여든의 할머니가 되어 70년 전 아름다운 저녁노을이 서러웠던 고향의 푸른 언덕을 생각한다. 문득 앞마당 건너 수양버들이 늘어진 연못 근처 우물가에서 들려오던 아주머니들의 구수한 입담과 익살스러운 표정들이 떠오른다. 의관(衣冠)을 정제하신 그때의 할아버지가 사랑채에 앉아 지

으시던 평온한 미소가 그리워진다.

할아버지 댁에서 보냈던 99일 동안의 아름다운 추억들은 살아 있는 전설이 되어 내 안에서 영글어 간다.

(2020년)

어떤 선택

봄바람을 타고 모교 신문이 날아왔다.

앞면의 2023년도 신입생 입학식이란 표제와 활짝 웃는 새내기들 사진이 눈을 사로잡는다.

코로나19 발생후 첫 대면 입학식이다. 무대 위 박사학위 복 차림의 교수들과 귀빈들이 지켜보는 가운데 총장의 환영사를 듣고 있는 신입생들 얼굴은 새로운 학문 세계와 대학문화에 대한 호기심과 기대감으로 밝고 당당해 보인다. 자기 의지로 선택한 이 배움터에서 절차탁마(切磋琢磨)하여 꿈을 실현하고 가치 있고 행복한 삶을 이루기를 바라는 마음이다.

문득 나를 그 대학교와 인연 맺게 해주신 고교 담임선생님이 떠오른다. 65년 전 고3 학기 말이었다. 내가 ㅅ대학교에 입학원서를 낸 며칠 후였다. 국어선생이셨던 담임이 본고사와 무시험을 병행하던 S여대 원서를 사 오시면서 내 것도 사셨다며 무시험 전형 원서를 주셨다. 성적 상위권 학생에 한해 필기시험 없이 면접시험만 보는 전형이었다. 두 대학교의 시험 일시가 겹치지 않아 다행이라며 안심하고 ㅅ대학교 시험을 보라고 하셨다.

한국전쟁 후의 혼란기라 대학교가 많지 않았고 내가 살던 인천도 여학생의 대학 진학률이 아주 저조했다. 그 시절의 경인선은 석탄을 때서 움직이는 증기기관차로 배차 간격이 뜸했고 속도도 느렸다. 버스는 작고 부실한데다 태부족이었다. 요즘의 전철이나 자가용 차량이란 상상조차 할 수 없던 시대라 서울은 아주 먼 곳으로 여겼던 시절이다. 대학 입학원서도 직접 대학에 가서 사 오고 접수하던 때였는데 지원생이 많은 학교엔 일상이 고되고 바쁜 학부형이나 학생 대신 선생님이나 직원이 그 일을 대신해주셨다. 한 명이라도 더 진학시키려는 선생님의 간절한 마음과 시간을 아껴 공부하길 바라는 배려였으리라.

아버지는 S여대 원서를 써주시면서 약사면허증을 받으면 평생직업이 보장된다며 좋아하셨다. 그런데 내가 담임선생님께 원서를 드린 다음 날 종례 시간에 내 짝 연이가 귓속말로 "진이가 약을 먹고 병원에 누워있다며 부모님이 교무실로 오셔서 담임과 만나 울고 가셨다."고 했다. 연이는 우리 학교 물리 선생님이신 언니로부터 들었단다. "전교 수석으로 ㅅ대학교에도 지원했다면서 하필이면 우리 딸이 가려는 그곳에다 원서를 내니 속상하다."며

하소연 하셨단다. 그러고 보니 온종일 진이의 책상이 비어 있었다.

나는 그 말을 듣자마자 종례를 끝내고 나가시는 선생님을 따라가며 "선생님, S여대 원서를 접수시키셨어요? 지망학과를 바꾸고 싶습니다."라고 여쭈었다. 선생님은 출석부에 끼어놓았던 서류봉투에서 내 원서를 꺼내셨다. 60명도 훨씬 넘는 이름이 적혀있는 검고 긴 출석부였다. 내일 아침에 접수시키려고 방금 다 취합해 놓았다는 선생님은 복도 창가에서 "어떻게 고치려하느냐, 아버지와 상의는 했니?"라고 하셨다. 그 순간 내가 지금 무슨 짓을 하는 건가. 머릿속이 하얘지며 아버지의 얼굴이 스쳐 갔다. 그런데도 나는 지망했던 학과에 두 줄을 긋고 다른 학과로 정정한 후 서명을 했다.

그동안 선생님들마다 너는 이런 사람이 되면 좋겠다며 권유했던 분야도 아닌 엉뚱한 학과명을 적고 말았다. 의협심이 발동한 걸까, 입시의 엄중함도 모르는 단순무식의 소치였을까. 선택의 기로에서 내가 무엇을 좋아하는지, 앞으로 어떤 사람으로 어떻게 살아갈 것인지보다는 오로지 진이가 또 다른 상처를 받으면 안 된다는 생각뿐이었다. 그러면서도 지망학과 번복의 절차가 절묘하게 짜인 극본처럼 단 몇 분 안에 이뤄진 희한한 상황에 순간 의아했고 야릇한 기분이 들었다. 왜 바꾸려 하냐며 묻지도 않는 선생님이 야속하기도 했다. 순간 되돌릴까도 했지만 이게 내 운명이라면 또다른 길이 열리겠지 하며 돌아섰다.

진이는 두 살 무렵 아침 밥상에 놓인 국그릇을 잡아당겨 국물이 쏟아지는 바람에 얼굴과 목에 큰 화상을 입었다. 그 당시의 의료기술로는 덴 피부색과 흉터를 제대로 치료하지 못해 늘 목을 가리고 얼굴을 숙이고 다녔다. S여대 약학과에 들어가 약국을 차리는 게 인생 최대의 목표였던 그 친구는 꿈을 이루기 위해 친구들과 어울리지도 않고 늘 책상에 붙어 앉아 공부만 했다.

그날 저녁 나는 어머니께 가정학과로 가겠노라며 무덤덤하게 말씀드렸다. 친구를 위해 가고 싶은 학과를 양보했다는 말은 꺼내지도 못했다. 내가 약학과를 간다니까 좋아하며 써주시던 아버지껜 죄송스러운 마음에 일부러 자리를 피하곤 했다. 내가 뭐라고 주제넘게 진이에게 연민의 정을 느끼고 있었는지. 옆의 짝꿍이 무심코 내뱉은 말에 과잉반응한 돌발행동으로 내 미래의 목표와 방향을 바꿨나 하는 뒤늦은 후회와 자책감에 괜히 울적하고 심란했다.

평소와 달리 말수가 적어지고 공부도 않고 딴청을 부리는 나를 보신 어머니는 "아버지께선 네가 약대를 졸업하면 집 앞에다 약국을 차려주고 퇴직하면 문단속과 궂은일을 도와주어야지."라며 좋아하셨단다. 그런데 내가 전공을 바꿨다니까 아버지는 "약국에서 환자들만 상대하며 긴장 속에 산다는 게 보통일은 아니지. 제가 하고 싶은 일하며 살면 좋지 뭐."라고 하셨단다. 이어서 어머니는 "여자는 시집 잘 가 남편이 벌어다 주는 돈으로 알뜰하게 살림하며 자식들 뒷바라지하면서 가정을 잘 꾸려가는 게 최고란다." 어머니가 이렇게 길게 말씀하시는 걸 처음 들으면서 내 마음은 편안해졌다. 무조건 나를 응원해 주시는 아버지와 어머니의 크나큰 사랑에 가슴이 벅차 올랐다.

오늘 받아본 모교의 입학식 소식을 접하면서 불현듯 옛날 진이와 같은 자리에서 입학식과 졸업식을 했던 생각이 난다. 그때 진이는 무시험에선 실패했으나 곧장 실시한 본고사를 치르고 합격했다. 대학 입학원서에 내가 지망학과를 번복했다는 사실은 여태껏 진이는 물론 누구에게도 함구해 왔는데 이제야 털어놓는다.

젊었을 적 아이들이 자고 있는 이른 아침에 도시락을 가방에 넣고 집을 나서면 길 건너 약국 간판이 눈에 들어왔다. 문이 닫힌 약국을 보면 그 시간까지 잠자리에 있을 약사가 부러웠었는데 퇴근해 집에 올 땐 환자를 맞고 있는 그분이 괜히 피곤해 보여 안쓰러워했던 기억이 난다. 나이 들수록 약국에 가는 일이 잦아진다. 흰 가운을 입은 약사가 약을 조제하고 환자에게 복용법을 설명하는 모습은 아주 진지하고 정중하다. 약사는 환자를 연민의 심정으로 대하고 약을 잘 지어 병을 고쳐줘야 한다는 사명감과 소명의식을 지니고 있다. 게다가 인내심과 집중력은 물론 책임감과 봉사정신도 무한요구되는 전문직이다. 세 아들의 어머니로 아직도 약국을 하고 있는 진이가 새삼 훌륭하게 보인다.

인생은 선택의 연속이다. 순간의 선택들이 모여 삶의 질을 결정한다. 사람은 언제나 크고작은 선택을 하면서 살아간다. 선택의 갈림길에서 가지 못한 미련과 후회는 남을 수 있지만 그 결과로 새로운 기회를 찾기도 한다. 만일 그때 그 길을 갔더라면 내 인생은 어떻게 달라졌을까.

나는 사랑하는 학생들과 함께할 때 힘이 솟고 행복했다. 내가 다시 학생들 앞에 설 수만 있다면 그들을 더 많이 사랑하면서 좀 더 열심히 가르치고 싶다. 선생은 지식 이외에 말과 행동으로 사람을 참되게 변화시키는 존재여야 한다는데 과연 나도 그랬을까. 오히려 그들로 인해 성장할 수 있었기에 늘 고맙게 생각한다.

교직에 몸담으면서 끊임없는 선택과 변화와 도전을 거듭하며 때론 영광과 좌절, 보람과 고난의 양극을 아우르면서 걸어온 나는 나름 보람있고 축복받은 삶이었노라며 감사의 미소를 지어본다.

대입 경쟁이 지금같이 치열하지 않았던 먼 옛날, 고3때의 즉흥적인 순간의 선택이 명예롭게도 내 인생에 선생이란 이름표를 붙여준 행운의 열쇠였나 보다.

(2023년)

선생님과 도가니탕

딩동! 소리에 나가보니 택배 상자가 놓여 있다.

그 속엔 차돌같이 굳은 뽀얀 육수 두 덩이와 꽁꽁 언 스지(힘줄)와 연골과 고기가 서로 얽혀 비닐 팩 안에 들어있다. 보내준 후배에게 전화했더니 으슬으슬하고 몸이 찌뿌둥할 때 뜨끈하게 데워 먹으란다. 그 말을 들으니 멀고 먼 옛일이 생각났다.

1959년 S여대 무시험 특차 전형에 합격은 했으나 등록을 망설이고 있는데 집에 전화도 없던 시절 어떻게 아셨는지 김철헌 담임선생님이 찾아오셨다. 선생님은 장학생으로 선발되었으니 빨리 등록하러 가자고 재촉하셨다. 나는 등록마감일이 되자 뚜렷한 목표도 없이 꼭 대학엘 가야 하나 하는 회의감에 사로잡혀 있었다. 선생님은 이런 내 마음을 들여다 보셨나 보다. 마당까지 나오셔서 고맙다며 허리 굽혀 절하시는 어머니의 배웅을 받으면서 서울로 올라갔다. 우리는 등록 절차를 밟은 후 인천행 기차를 타러

서울역으로 가던 중 선생님은 몸이나 녹이고 가자며 길가 음식점으로 들어가셨다.

점심시간이 끝나고 저녁 손님을 기다리던 아주머니가 우릴 반겨주셨다. 식당에는 우리뿐이었다. 난로 위 주전자에선 보리차 향을 풍기며 물이 끓고 있었다. 선생님은 "배고플 텐데 어서 먹어라." 하시더니 숭숭 썬 파를 국물에 듬뿍 넣으시곤 밥을 말아 "어휴 시원하다."시며 맛있게 드셨다. 나는 처음 보는 쫀득쫀득한 힘줄과 물렁거리는 연골을 제쳐놓고 고기만 골라 뽀얀 국물을 떠서 먹었다. 얼었던 몸이 나른해지면서 새삼 선생님에게서 포근한 부성이 느껴지며 고마움이 밀려왔다. 그게 도가니탕이라는 건 한참 후에야 알았다.

선생님은 촌음을 아껴 공부해야 할 시간에 학생회 일에 신경 쓴다고 나를 못마땅해하셨다. 다른 선생님들보다 담임에겐 데면데면 대했고 일을 시키면 고분고분하게 굴지 못했던 게 갑자기 죄송스러워졌다. 집으로 돌아가는 기차에서 선생님과 마주 앉게 되었다. 그때의 증기기관차는 지금과 달리 2인승 좌석이 둘씩 마주 보게 되어 있었다.

인천 중간쯤 갔을 때 왠지 서먹해져서 내다 본 창밖엔 메마른 논밭과 앙상한 가지만 남은 복숭아밭이 펼쳐졌다. 해 질 녘 야트막한 산 아랫마을에 옹기종기 모여 있는 낮은 굴뚝에선 저녁밥을 짓는지 가느다란 연기가 피어오르고 있었다.

　인천 광역시 신도시가 개발되기 전 지금의 경기도 부천시 소사역 근방이 아닌가 싶다. 선생님은 "통학 시간을 잘 활용하면 좋겠다. 멍하니 앉아 있지 말고 책을 보거나 순간순간 스치는 것을 메모하는 습관을 들이도록 하고, 잠자리 머리맡에도 메모지와 연필을 준비해 놓고 잠이 안 올 때 떠오르는 생각들을 적도록 하거라. 나중에 글 쓰는데 큰 자산이 될 게다."라며 국어 선생님답게 말씀하셨다. 감히 넘겨다볼 수도 없고 고차원의 세계라서인지 그 말씀은 내 마음에 와닿지도 않았고 그렇게 해볼 생각조차 못했다. 그때의 한산하지만 낭만적이었던 그곳이 고층빌딩이나 아파트들로 빼곡한 신도시가 될 줄은 꿈에도 상상 못 했던 시절이었다.

　대학 2학년 초에 국문과 친구가 찾아와 김 선생님이 나를 부르신다는 전갈을 받았다. 우리가 고1 때 새로 들어오셔서 고 2부터 담임을 하셨던 선생님 댁이 가까워지자 괜히 가슴이 설레면서 그동안 무심하게 지낸 나 자신이 갑자기 한심하고 면구스러워졌다. 사모님은 녹두고물과 흑임자를 묻힌 경단을 접시에 담아 생강차와 함께 내놓으시곤 빠끔히 문을 열고 들여다보는 딸들이 있는 옆방으로 가셨다. 배가 고프던 차 어서 먹으라기에 말랑말랑한 경단을 입에 넣으려다가 "선생님이 먼저 드세요."라며 새삼스레 예의를 차렸더니 선생님은 웃음보를 터트리셨다.

　선생님은 경단 하나를 집으시면서 "내가 남자 학교에서 머슴아들만 가르치다가 처음 여학생들을 대하니 한동안은 정신이 오락가락하더라. 대부분의 여기 여학생들은 순박하고 착실한데 간혹 미소를 지으며 아양떠는 팔색조 같은 여학생을 보면 그 매력에 끌려 나도 모르게 혼미해지기도 했다. 더러는 자기를 양보하면서 내색하지도 않고 남을 배려하는 착해빠진 학생을 보면 손해만 보고 살 것 같아 안타깝기도 하더라."고 말씀하셨다.

　그러시면서 "너는 아삭하고 상큼한 사라다(salad의 일본식 발음) 맛이라기보다는 잘 익은 김장김치 맛이고, 맑은 소고기뭇국보다는 무쇠솥에서 오랜 시간 푹 고아낸 도가니탕 맛이랄까."라고 하셨다. 그 말씀을 듣는 순간 아무리 맛이 좋고 영양가가 높기로서니 스무 살 아가씨에게 예쁜 꽃이나 귀여운 동물도 아닌 도가니탕 맛 같다시니 기분이 언짢고 서운했다. 내 마음을 눈치채셨는지 선생님은 "소는 인간을 위해 뼈 빠지게 일만 하다가 자기의 모든 것을 인간에게 주고 떠나는 희생적이고 고마운 존재."라며 미소를 띄우시면서 "딸을 가진 아버지의 입장에선 속상하고 억울할 수도 있지."라며 말끝을 흐리셨다.

　우리가 자라던 1950년 후반엔 농사짓는 사람이 많았다. 넓은 들판에서 풀만 뜯어 먹으면서 우유를 내주고 논밭을 갈고 무거운 짐을 지고 묵묵히 걸어가는 소를 보면 가엾기도 하고 고맙다는 생각을 했다.

소가 죽으면서 내놓는 살과 피와 내장과 뼈는 훌륭한 먹거리로 변신한다. 소의 각 부위는 사람의 손을 거쳐 맛있는 음식이 되어 사람들을 행복하게 한다. 그 속에 함유된 질 높은 단백질과 콜라젠, 각종 무기질과 비타민은 우리의 성장과 건강을 유지시켜 주는 일등 공신이다. 그뿐이랴. 소가죽은 벨트와 가방, 구두 등의 소재로 패션의 아이콘이다. 우리 집 소가죽 소파는 내 휴식의 요람이 되어준다. 이같이 소는 내 생활영역 안에 늘 함께 있다.

젊었을 적 나는 그 시대 대부분 여자들의 삶과는 달리 밖에서 활동하면서 집안일도 돌보며 살아왔다. 그런 나를 친정아버지께서는 대견해하시다가도 "언제까지 소같이 일만 하며 살려고 하느냐."시며 안쓰러워하셨다. 그럴 때마다 문득 도가니탕을 맛있게 드시던 김 선생님이 생각나 마음이 울적해지곤 했다.

생활양식과 주거 형태가 달라진 지금은 도가니탕을 집에서 고아내지 않아도 음식점이나 홈쇼핑을 통해 쉽게 사 먹을 수 있다.

요즘 나는 몸과 마음이 가장 편한 세상을 살고 있다. 친구들과 외식하고 돌아오는 남편 손에 어쩌다 도가니탕 포장 봉투가 들려 있으면 반갑기 그지없다.

오늘 저녁엔 펄펄 끓는 도가니탕에 파를 듬뿍 넣고 깍두기를 엎어 먹어야겠다. 오랜 시간 고아서 흐물흐물해진 도가니와 쫀득쫀득한 스지를 뽀얀 국물과 함께 먹으면 술술 넘어가고 속도 든든해진다.

   후배의 따듯한 마음이 내 감기를 떨어지게 할 것 같다.

(2023년)

모교 나들이

여고를 졸업한 지 60년이 되었다. 2019년 6월에 평소 연락하고 지내는 동기 동창 35명이 모교 나들이에 나섰다. 돌기둥으로 개축된 교문에 들어서니 학교의 옛 모습은 오간 데 없이 낯설기만 하다. 예전의 아담했던 일자형 2층 고등학교와 그 맞은 편 2층 중학교가 있던 자리에는 엘리베이터가 설치된 번듯한 건물들이 서 있다. 우리가 다닐 때 지었던 벽돌 강당은 사라지고 높다란 현대식 건물이 들어섰다.

전교생이 매일 아침 조례를 하고 봄, 가을엔 운동회가 열렸던 운동장엔 인조 잔디가 깔려있다. 사방에 빙 둘러선 늘 푸른 나무들과 정원엔 빨간 장미를 비롯해 갖가지 꽃들이 아름다운 자태를 뽐내며 우리를 반기는 듯 웃고 있다. 토요일 오후인데도 현관 입구에 삼삼오오 모여 있는 학생들의 앳된 웃음소리가 들려왔다. 선배들을 환영하려고 나온 학생회 임원들이라고 한다.

오늘은 모교에서 총동문회가 열리는 날이기도 하다. 올해로 여든이 된 우리들은 졸업 60주년을 맞으면서 총동문회가 열리는 날을 택해 모교를 찾았다. 교문에 '환영, 졸업 60주년 모교 방문'이라고 걸어 놓은 플래카드에 감동한 우리는 팔순의 졸업생들을 배려하는 학교 측의 호의에 고마움과 민망한 마음이 교차했다.

토요일인데도 출근하신 교장 선생님과 보직 교사들의 환대 속에 내부 시설과 최첨단 시청각 기자재들을 둘러보았다. 상상외로 좋아진 교육환경에 놀랐고 이런 곳에서 공부하고 있는 후배들이 부러웠다. 풍족한 최신 시설과 공부하기 좋은 환경으로 발전된 모교를 보니 마치 안정되고 넉넉한 친정에 갔을 때와 같은 뿌듯하고 고마운 마음이 든다.

6·25 전쟁의 상흔으로 질병과 빈곤에 찌들어 암울했던 혼란기였음에도 우리는 부모님의 희생과 헌신적 사랑으로 학교를 다닐 수 있었던 행운아들이었다. 내가 자란 인천은 광복 후 북한에서 삼팔선(三八線)을 넘어 월남했거나 전쟁 통에 피난민들이 많이 모여든 곳이다. 우리 가족도 그때 황해도에서 온 피란민이었다.

사회 분위기상 여자의 취학률이 저조했던 1950년대에 교복 입고 책가방을 들고 학교에 다닐 수 있었다는 건 큰 축복이었다. 교복 착용은 또래들과의 동조성과 소속감을 느끼게 했고 결속력이 강화되어 자존감도 높여 주었다. 중·고등학교 동창생이 된다는 것은 한 부모 밑에서 피를 나눈 형제자매는 아니지만, 그 학교 선생님들의 지도를 받으며 몸과 마음이 자라고 자아 정체감이 형성되어 가는 과정을 같이 겪은 평생 친구이자 자매 같은 관계이다.

1950년대 인천은 요즘 같은 입시학원도 입시지옥이란 용어도 없었다. 내 주변에 드물게 대학생으로부터 과외수업을 받는 학생은 있었지만, 교과서와 칠판 수업이 전부였다. 교내에 사물함이나 신발장이 따로 없어 책가방에다 교과서, 공책과 필통 이외에 도시락과 실내화를 함께 넣고 다녔다. 한 반에 70여 명이 넘는 학생이 함께 공부하는 교실엔 책상 걸상 칠판뿐이었지만 그 속에서도 우린 마냥 즐겁고 뿌듯했다.

문화 공간은커녕 놀이공간도 변변치 않던 시대였다. 우리는 등하굣길에서 만나는 사람들이나 교정에 피고 지는 나무들을 보고 자랐고 친구들과 어울리는 것이 유일한 낙이자 놀이였다.

한산한 거리, 초라한 건물들 사이에 유독 눈길을 끌어당기는 곳은 영화관뿐이었다. 강렬한 색깔과 우리네와는 다르게 생긴 서양 배우들의 야릇한 모습을 그린 포스터 앞을 지날 땐 괜히 민망한 기분이 들면서도 우리와 다른 세상에서 사는 그들의 패션과 문화에 대한 동경과 호기심을 감출 수가 없었다. 영화관은 학생 입장 불가여서 1년에 몇 차례 단체 관람만이 허용되었다. 그런

중에도 단속을 피해 사복 차림으로 몰래 다니기도 했고 영화를 보고 온 친구의 이야기에 상상력을 더해 넓은 세상을 엿보면서 우리와 다른 서양문화에 눈뜨기 시작했다.

그 당시엔 전력이 부족하여 밤이 되면 전등 없이 지내는 일이 다반사였다. TV는 물론 세탁기, 냉장고, 청소기 등 가전제품이 우리 생활권에 들어오기 훨씬 전이었다. 그러니 냉난방시설은 상상조차 못 했던 시대였다. 여름에는 창문을 활짝 열어 더위를 식혔고 겨울엔 교실 한가운데에 놓여 있는 난로 하나로는 부족하여 친구들의 온김으로 몸을 덥히면서 추위를 견디었다. 몹시 추운 겨울날 등교하여 교실에 들어가면 급사 아저씨가 미리 피워 놓은 난로 옆에 그날 쓸 땔감이 놓여 있었다.

그 주간 당번을 맡은 친구 두 명은 난로 위에서 큰 주전자에 물을 끓이고 난 후 친구들이 내놓은 사각 모양의 알루미늄 도시락을 난로 위에 차례차례 산처럼 쌓아놓고 덮혔다. 당번이 난로 문을 열고 땔감을 집어넣느라고 내는 소리와 도시락을 아래로 위로 바꿔 가며 옮겨 놓느라고 내는 달그락거리는 소리, 그리고 밥 눋는 냄새와 김치나 멸치, 콩자반 등 반찬 익는 냄새가 솔솔 나기 시작하면 우리들은 책을 덮어 놓고 종 울리기만을 기다렸었다.

선생님이 나가시자마자 앞뒤 옆 책상을 붙여 놓고 빙 둘러앉

모교 나들이 49

아 먹었던 그때 도시락의 꿀맛은 평생 잊을 수가 없다. 나중에 들으니 도시락을 못 가져와 슬그머니 교실 밖으로 나가 자리를 피했던 친구들도 많았다고 한다. 점심 먹고 난 후엔 식곤증으로 조는 학생을 깨우시려는 선생님의 호통 소리와 느슨해진 수업 분위기를 살려내고자 우리를 웃기려고 애쓰시던 선생님들이 생각난다.

몹시 살기 어렵고 험한 시절이었음에도 자식들은 고생하지 말고 행복하게 살기를 바라며 애지중지 키우고 공부시켰을 부모님께 사랑한다, 고맙다는 말을 쑥스러워 못 해본게 후회스러워 가슴이 미어진다. 그뿐인가, 철부지들을 받아 사람 만들어 내보낸 모교도 거의 잊다시피 하고 지냈다.

동창회 식순에 따라 우리들이 마련한 장학금 전달식이 있었다. 학교를 떠난 지 60년이 지난 오늘에야 죄스럽고 미안한 마음을 모아 감사함을 전한다. 교장선생님 말씀이 "예전과 달리 국민들의 경제 수준과 교육열이 높아진데다 급식제도가 잘돼있고 여러 경로로 지원금도 들어와 장학금이 필요한 학생이 거의 없다."시며 "증축한 도서관 한쪽 면에 학생들을 위한 책을 구입하여 진열하면 좋겠다."고 하셨다.

60년 만에 모교에 와서 보니 학교는 풍족해졌고 학생들도 등록금 걱정 없는 세상이 되었다. 평소 근검절약 저축을 생활신조로 삼아 살아온 우리 세대가 열심히 일해 이룩한 사회적, 경제적 발전의 혜택을 우리 후배들이 누리고 있음에 흐뭇했다. 10년 후 졸업 70주년에도 다시 오겠다고 인사를 건네고 학교를 떠나는 발걸음이 가벼웠다.

친구들과 헤어진 후 집으로 가는 1호선 전철에서 홀로 창밖을 내다보며 내가 걸어온 지난날들을 되돌아본다. 고교 시절 나는 학생회장(당시 학도호국단 운영위원장)에게 주는 공로상과 경기도지사상을 받으며 학교를 졸업한 후 지금의 1호선 전철이 아닌 증기기관차를 타고 다니면서 청운의 꿈을 키웠다.

그때의 교육은 지금처럼 복잡다단하지 않았고 학원은커녕 시청각 매체도 전혀 없었던 시절이라 선생님의 역할과 교육철학이 학생들에게 절대적인 영향력을 행사했다. 그런 선생님들의 열성적인 가르침 덕분에 무섭게 변하는 세상에 맞서 우리는 각자 주어진 자리에서 급성장하는 나라 발전에 기여했고 한 가정을 건실하게 키워냈다.

부모님의 딸로 세상에 나와 아무개의 아내가 되어 자식을 낳고 할머니란 호칭까지 더 해가며 살아오는 동안 수많은 희로애락의 파고를 넘나들었다. 때론 예기치 않았던 일로 곤경에 처하게 될 때 그것을 해결하는 지혜와 의지로 버텨내면서 내가 지향하는 가치를 끌어올리게 했고 삶을 영글게 했다.

60년 만의 모교 나들이 귀갓길에서 현대식 건물에서 최신식 기자재로 공부하는 후배들의 모습 위로 10대 소녀였던 교복 차림의 내 모습이 겹쳐지며 옛 스승님들의 사랑이 새삼 그리워진다.
　많은 세월이 흘러가 버린 지금 무심했던 나 자신을 탓하며 바라보는 하늘 저편엔 저녁노을이 붉다.
　스승님들의 은혜에 감사함을 전하고 싶으나 이 세상에 안 계시니 내 마음 닿을 길이 없다. 남은 생 아름답게 살아가는 것으로 스승님 은혜에 보답하려고 한다.

(2019년)

그때 그 선생님

가을의 끝자락, 친구 여섯이 용인 근처 한 시니어타운 내 식당에서 만났다. 코로나 기세가 좀 수그러진 때였다. 2년 전 홀로된 고교 동창 숙이가 아들 며느리와 두 딸이 등 떠미는 바람에 들어와 고품격 서비스를 받으며 평안하게 노년을 보내는 곳이다.

식사 후 차를 마시면서 여기저기가 아프다는 병 타령 중이었다. 숙이가 조용한 데서 편하게 살다 보니 학교 다닐 때가 그리워지고 김 선생님 생각이 많이 난다며 화제를 돌렸다. 고3 때 우리들의 담임이셨던 선생님은 대학 진학을 권하셨지만, 육 남매의 맏이라 취업해야겠다고 하는 자기를 졸업하자마자 취직시켜 주신 고마우신 분이라고 했다.

김 선생님은 우리가 고2 때 새로 부임하신 국어 선생님이셨다. 무슨 연유였는지 한쪽 다리를 약간 절뚝거리셨다. 전교생이 모인 개학식에 새로 들어오시는 몇몇 선생님과 함께 걸어오시는 그 선생님의 뻗정다리 발걸음에 맞춰 어느 익살맞은 친구가 〈라 쿰파르시타(탱고곡)〉를 불러대는 바람에 '쿰파 킴'이란 별명이 붙었다.

첫 국어 시간이었다. 교단에 서신 선생님은 아무 말 없이 칠판에 김철헌(金哲憲)이라고 스스로 소개하신 후 시(詩) 한 편을 적어 내려갔다.

인생(人生)

지(知)를 움직이면 날카롭고 싸늘하며 깊어만 가고
정(情)에 흐르면 돛단배같이 어쩐지 서글프고
의지(意志)에 이르면 드디어 고민을 낳고 이상을 낳다.
인생(人生)은 거치른 세파를 허덕이며 왔다가는 영원한 나그네여라.

선생님은 이 시를 우리에게 같이 읊자 하신 후 살아가면서 두고두고 음미해 보라고 하셨다. 뭔가 인생의 미묘하고 심오한 의미와 자연의 섭리를 담백하게 풀어낸 듯한 그 시의 무게감에 눌려 누구의 시인지 궁금했으나 여쭤보지 못했다. 아직도 난 그 작가를 알지 못한다. 연륜이 느껴지는 선생님은 출석을 부르신 후 분필 가루를 날려가면서 중년의 중후한 음성으로 간간이 유머나 위트를 섞어 분위기를 바꿔 가면서 60명 남짓 되는 학생들을 압도해 가며 열강하시곤 했다.

  때때로 선생님은 우리의 의식구조를 일깨워 주는 말씀으로 감동과 희망의 불씨를 지펴주시곤 했다. 앞으로의 세상은 문화와 정서가 소통되고 남녀평등의 시대가 될 터이니 너희들도 재능과 역량을 발휘하는 주체적인 삶을 살아가도록 자기 계발에 힘쓰라고도 하셨다. 그러한 선생님의 간절한 염원은 그동안 침체되어 있고 안이했던 학교 분위기에 새로운 변화와 도약의 계기가 되었다. 학문 전달과 정신교육은 물론 진로지도에도 열성적이셨던 선생님은 학생 개개인에게도 각별한 사랑을 기울이셨다. 모든 게 미흡했으나 순수했던 고교 시절의 따스했던 추억이 아련한 그리움이 되어 신비한 사랑의 힘으로 우리에게 다가온다.

  그때 안유정이가 김 선생님은 내 은인이시기도 하다며 입을 열었다. 졸업을 앞둔 겨울방학 며칠 전 선생님은 아버지께 "딸내미 이름을 왜 그렇게 지으셨어요? 원래 이름 추희(秋姬)는 쓸쓸하고 고독해 스산함이 연상되니 맑고 물처럼 빛나게 살아가도록 안유정(安兪炡)으로 바꾸면 어떠시겠어요?" 하셨단다. 아버지는 작명해 주신 할아버지께 여쭙고 개명해 주셨다고 했다. 인선자도 웃으면서 내 옛 이름 파자(波子)는 어감도 안 좋고 파도치는 험난한 삶이 보이는 듯하니 인선자(印善子)로 바꾸면 좋겠다는 말씀에 아버지는 쾌히 응하셨단다.

불현듯 엄마가 재혼할 때 데려왔다는 같은 반 친구가 생각났다. 선생님은 그 친구 부모님을 찾아가 오빠들과 같은 성씨로 바꾸게 했고 미국으로 이민 갈 애인과의 결혼이 성사되도록 애써주셨다. 세 친구는 학적부 및 졸업장과 졸업앨범에 개명한 이름이 올라있다.

이름이 사람의 운명을 좋은 방향으로 이끌 수 있다고 생각한 선생님은 제자들의 행복한 미래를 위해서라면 개명까지도 서슴지 않고 권유하실 만큼의 용기와 자신감이 넘치시던 분이셨다. 1950년대 후반 예(禮)를 중시했던 사람들의 순박한 심성과 스승을 공경하는 군사부일체(君師父一體)라는 상호 존중 정신이 남아있던 풍토였기에 선생님의 개명 권유에 부모님의 수용이 가능했지 싶다. 전후의 혼란기라 심리상담소나 작명소 같은 곳은 찾아볼 수도 없던 시대였다. 희생과 봉사의 길을 걸었던 선생님은 권위가 아닌 아버지의 품성으로 우리를 품어주셨고 제자들에게 사랑을 베푸는 것으로 즐거움을 찾던 분이셨다. 요즘도 나는 그 선생님을 생각하면 감사와 사랑과 은혜 그리고 존경심이 우러난다.

친구들의 주름진 얼굴 위로 책상에 앉아 공부하던 교복 차림의 소녀 모습이 아슴푸레 겹쳐져 만감이 교차한다. 문득 절뚝거리며 교실로 들어오시던 60년도 훨씬 전의 그때 그 선생님 모습이 떠오르며 〈라 쿰파르시타〉 곡조가 읊조려진다. 이렇게 벗들과 마주 앉아 지난날을 되돌아보는 지금, 이 순간이 그저 감사할 따름이다.

  무심코 창밖을 내다보니 앙상한 나뭇가지에 매달렸던 마른 잎 하나가 빙그르르 맥없이 돌면서 떨어진다. 또 한 해가 저물어 가고 있다.

(2021년)

그리운 금강산

시원하게 내뿜는 노랫소리가 한여름 무더위를 날려 보낸다. 한 TV 채널에서 이미 경연을 마친 〈미스트롯 2〉 준결승 무대가 재방영되고 있다. 모 TV 방송국의 〈미스, 미스터트롯〉과 함께 트로트 열풍을 몰고 온 이 프로그램은 2년 넘게 '코로나 블루'로 지쳐 있는 사람들을 위로해 주고 불안감도 달래 주면서 시청자들의 사랑을 받고 있다.

연령도 경력도 제각각인 참가자들은 타고난 가창력과 갈고 닦은 노래 실력과 음악적 감성을 발휘하며 끼와 흥을 발산하면서 세련된 패션 감각과 춤과 퍼포먼스에다 호소력 짙은 음색으로 우리의 마음을 사로잡는다. 무대 위 가수들은 긴 세월에 걸쳐 풍미해온 민족적 정서와 한과 사랑과 소망, 그리고 시름을 녹여내 만든 노랫말과 곡조를 자기만의 스타일과 색깔로 풀어낸다. 영혼을 담아 처연하고 절절하게, 때론 구성지다가 신명 나게 토해내는 가수의 마음과 몸은 하나가 되어 무아지경에 빠진다. 듣는 이들도 그 노래에 자기의 삶을 비춰보며 함께 울고 웃으며 감탄하고 열광한다. 무대에 오르기까지 그들이 뿌렸을 눈물과 땀, 시간과 노력을 생각하니 기특하면서도 왠지 내 맘이 짠해진다. 마스터들의 신랄하고 촌철살인적인 심사평에 출연자나 청중들은 숙연해지기도 하고 환호하기도 한다. 그러면서 머지않아 세계 무대를 달구는 K트로트의 열풍을 예감하며 흐뭇해하고 있는데 어느새 프로가 끝나버렸다. 그 아쉬움에 무심코 채널을 돌린다.

한 클래식 음악 채널에서 마스카니의 〈카발레리아 루스티카나〉 중에서 〈오렌지 꽃향기는 바람에 날리고〉의 합창이 흘러나온다. 감미로운 그 곡은 아주 먼 옛날 고교생 합창대회에서 요한 슈트라우스 2세의 〈아름답고 푸른 도나우〉와 함께 불렀던 곡이었다. 한국전쟁 직후라 모든 것이 어렵고 부족했던 1957년 7월의 어느 날 우리 학교 합창반은 하모니카, 아코디언, 실로폰, 플루트, 트라이앵글 등으로 구성된 교내 합주단에 맞춰 그 두 곡을 불렀다. 그때 검은색 정장 차림으로 지휘하셨던 분이 최영섭 음악 선생님이시다.

최 선생님은 1962년 한상억 시인의 시에 곡을 붙인 〈그리운 금강산〉을 초연하면서 명성을 떨치시게 되었다. 그 아름다운 가곡은 오랫동안 한국은 물론 세계적인 최정상 성악가들의 애창곡이 되었고, 듣는 사람들 모두를 감동시키며 꾸준한 사랑을 받고 있다. 아름다운 선율에 조국 통일의 염원을 담고 있는 그 노래는 들을 때마다 우리에게 남다른 감회에 빠져들게 한다.

오랜 세월이 흐른 2018년 겨울 어느 날 나는 고교 친구들과 세종문화회관 대극장에서 열렸던 〈그리운 금강산 작곡가 최영섭 구순 기념 음악회〉에 가서 오랜만에 선생님을 뵈었다. 시를 쓰듯이, 그림을 그리듯이 700여 곡의 가곡과 연가곡, 70여 곡의 기악곡을 작곡하셨다는 선생님은 요즘도 작곡하시며 한국 예술가곡 진흥을 위해 활동하신다. 그날 주옥같은 선생님의 명곡들을 존경과 감사의 마음을 담아 국내 최정상 성악가들이 불렀고, 선생님은 피날레로 모든 출연진이 오케스트라에 맞춰 합창하는 〈그리운 금강산〉을 지휘하셨다.

구순의 선생님 모습 위로 학교 음악실에서 우리들을 가르치시고 지휘하셨던 젊었을 적 선생님의 모습이 아슴푸레 겹쳐져 감개무량하기 그지없었다. 〈그리운 금강산〉 합창 소리로 홀 안은 환호와 기립박수 소리와 감동으로 넘쳐났다. 연주 후 인사 말씀에서 "어린아이가 노래 순서를 기다리며 졸다 깨어보니 아흔이네요."라고 하시는 선생님의 환한 웃음뒤에 쓸쓸함이 묻어나 가슴이 뭉클했다.

음악회가 끝나고 우리들과 헤어질 때 "내가 구순이래, 아, 참!,

이제 아흔 살이야." 하시며 천진스럽게 웃으시는 선생님은 우리 팔순의 제자들보다도 젊어 보이셨고 여전히 멋지셨으나 얼굴엔 외로운 빛이 얼핏 지나갔다.

고교 시절 우리들의 우상이셨던 최영섭 선생님은 유명한 오페라 아리아를 포함한 『세계 명곡 100 선집』을 손수 엮어 가르치셨다. 나중에 자식들 앞에서 100곡 정도는 부를 수 있어야 엄마 위상이 높아진다고 하면서 칸초네, 샹송 등은 원어 발음대로 외우라고 하셨다.

그 시절 귀했던 레코드판을 틀어 클래식 음악을 들려주시면서 선생님 특유의 억양과 감정을 섞어 해설해 주실 땐 감동의 여운이 가시지 않아 한동안 사색에 잠기기도 했고 나름 아름다운 꿈을 그려보기도 했다.

선생님은 합창반과 합주단을 점심시간이나 방과 후에 특별 지도해 주셨고 각종 예술제나 경연대회에 참가시켜 우리들의 기량을 키워주셨다. 그 영향인지 내 삶 속에 음악을 사랑하는 마음은 남달라 젊은 시절 한때는 여러 오디오 셋을 섭렵한 적도 있었지만 나이 들어서는 진공관 앰프로 만족하고 있다. 음악 듣기가 유비쿼터스가 된 요즘은 음악을 즐기는 방법도 다양하여 참으로 금석지감을 느끼게 한다.

트로트도 즐겨 듣는 나이가 되니 문득 『세계명곡 100선집』을 들고 노래 부르던 내 고교 시절의 음악 시간이 그리워진다. 나에게 음악 사랑과 세상을 아름답게 열어갈 수 있게 가르침을 주신 최영섭 선생님의 곡이 나도 모르게 읊조려진다.

나는 조심스레 진공관 앰프에 스위치를 켜고 〈그리운 금강산〉이 실린 CD를 플레이어에 넣는다.

(2019년)

지붕 위의 초상화

겨울 햇빛이 가득하다.

오늘따라 거실 벽에 걸려있는 〈초가집〉 그림이 내 눈길을 사로잡는다. 야트막한 산기슭에 작은 초가집 한 채가 외따로이 서 있다. 죽데기를 적당히 얽어서 두른 울타리 안에는 아직 잎이 돋지 않은 나무 몇 그루가 서 있고, 사립문 밖엔 낡은 수레가 앙상한 나무에 기대어 쉬고 있다. 아무도 보이지 않는 적막한 초가집 양옆으로 산수유와 살구꽃이 피어있는데도 왠지 서글픈 느낌을 준다. 뒷동산 위에 펼쳐진 저녁노을에 불그레해진 조각구름들과 초가집 전경의 질박한 색조와 질감이 한데 어우러져 몽환적이고 향토적인 정취를 자아내는 풍경화는 반백 년 전 내 여학생 때 미술 선생님의 작품이다.

서른 즈음의 어느 쾌청한 가을날이었다. 나는 화가인 숙희의 연락을 받고 〈김찬희 개인전〉을 보러 중구 소공동의 한 화랑으로 갔다. 동창생 몇이 이미 와 있었다. 안쪽에 있는 응접세트에 앉은 미술 선생님은 정중한 자세로 어떤 신사분과 마주 앉아 대화를 나누고 계셨다. 왜소한 체구의 선생님은 예전의 체크무늬 재킷에 베이지색 바지 차림새였다. 정물화와 인물화, 풍경화가 전시된 화랑엔 미술 애호가들이 모여 제각각의 포즈로 작품들을 감상하고 있었다. 나는 〈석류〉와 〈모과〉를 그린 작은 정물화 2점에 빨간 딱지를 붙이고 선생님을 뵈러 갔다.

그 신사가 떠난 테이블 위엔 한자로 필담을 나눈 종이와 펜이 놓여 있었다. 선생님은 숙희와 나를 보시면서 100호짜리 〈청관(淸館)〉 풍경화를 가리키시며 "대사가 저 그림을 마음에 들어 한다면서 공금으로 사서 관사에 비치하겠단다. 담당자가 주기적으로 바뀌는 곳이라 언젠가는 창고 구석에 처박히게 될지도 모르는 일이라 거절했다."고 하시면서 "내 그림을 알아보고 끝까지 사랑해 줄 사람이라면 그냥 내줘도 기쁘겠다."고 하셨다. 하인천 중국 타운 내 3층 건물로 아래층 한쪽 모퉁이 유리 창문에서 밖을 내다보고 있는 남자가 인상적인 그림이었다. 중구 명동에 대만대사관이 있었던 1970년대 중반 때의 일이다.

전시회가 끝나고 한참 후 동창 모임에 오신 선생님은 애들 엄마가 된 제자들이 대견한 듯 마냥 흐뭇해하셨다. 친구들과 헤어질 때 숙희는 선생님과 같이 갈 곳이 있다며 나를 불러 세웠다.

우리는 강북 변두리의 어느 산동네로 갔다. 초겨울 찬바람에 잎을 떨군 나무들이 추위에 떨고 있었다. 오솔길에 군데군데 쌓여있는 낙엽을 밟으며 숙희와 나는 선생님을 따라갔다.
　작고 허술한 초가집으로 들어서자마자 방이 춥다면서 석유난로에 불을 지피시는 선생님 너머로 캔버스에 빠른 붓놀림으로 유화물감을 칠하시던 선생님의 옛 모습이 겹쳐 보여 마음이 저릿했다. 사모님이 출타중이어서인지 집안이 더 썰렁하고 옹색해 보였다.
　1930년대 말, 그림 그리기를 좋아하던 선생님은 부친의 강권으로 공대를 나오신 후 직장에 다니셨단다. 어려서부터 좋아했던 그림공부에 대한 열망이 끓어올라 오른손 검지를 자해하는 시위 끝에야 도쿄미술학교에 진학할 수 있었다는 회고담을 들려주셨다. 그림은 어려서부터 배워야 한다며 중학교 교사를 고집하셨다는 선생님은 재직중에도 늘 프랑스 유학의 꿈을 놓은 적이 없었단다.
　선생님은 이미 포장해 놓았던 그림 한 점을 내주시면서 이걸 탐내고 있는 제자가 있으니 어서 갖고 가라고 하셨다. 그 제자가 바로 숙희 남편이라고 귀엣말도 덧붙이셨다. 얼떨결에 받아들긴 했어도 황송하고 송구한 마음에 엉거주춤 서 있는 나에게 "총채질을 꼼꼼히 해 먼지를 털고 이물질이나 파리똥이 앉지 않게 해

라. 사정상 표구를 대충 한 것이니 습기와 퇴색을 막기 위해 유리를 끼워 표구를 다시 해라."고 하셨다. 등 떠밀려 나오면서 나는 "저, 고2 때 선생님께서 주신 그림도 감사했습니다."라고 뒤늦게 인사를 드렸다. 무척 면구스러웠다. 내가 고2가 되던 봄에 선생님은 서울에 있는 남학교로 전근 가셨다.

그런데 그해 가을 어느 날 길을 걷다가 우연히 어느 다방 앞에 〈축 김찬희 특별전〉이란 화환 하나를 보았다. 홀로 서 있는 화환이 왠지 외롭고 불안정해 보여 나는 축하 화환을 사서 그 옆에 놓았다. 학생은 다방 출입금지라서 선생님을 뵙지도 못한 채 돌아왔다. 그런데 며칠 후 숙희가 선생님 심부름을 왔다면서 그림 한 점을 들고 왔다. 1950년대 중반 인천 부둣가 마을의 〈비 내리는 오후〉의 골목을 그린 풍경화이다. 그 그림에 대한 인사를 그때에야 했으니 염치없고 무례하기 짝이 없는 일이었다. 내게 〈초가집〉을 주신 5년 후 선생님은 환갑도 못 넘기고 돌아가셨다. 그림에 재능이 뛰어났던 숙희도 팔십 되던 해에 저세상으로 갔다.

우리네들 마음속 고향이기도 한 이 〈초가집〉에 담겨있는 미학적 메시지가 많은 사람을 위로해 주며 사랑받는 명화로 세상에 널리 알려졌으면 좋겠다. 반백 년 전 〈김찬희 개인전〉에서 대만의 외교관이 사고 싶어 했던 100호 〈청관(淸館)〉 풍경화와 그 많던 그림들은 지금 어디에 있을까.

　암울하고 처절했던 그 시대, 모진 시련과 역경 속에서도 그림 그리는 걸 태어난 이유이자 존재 가치로 여기면서 예술혼을 그림으로 승화시키던 선생님의 슬프고도 강렬했던 눈빛이 연민으로 다가온다.

　나는 홀린 듯이 액자 속의 초가지붕에다 선생님의 초상화를 마음으로 그려본다. 그림에 대한 집착과 욕망, 생전의 엇갈린 애증과 번뇌에서 벗어나신 듯, 선생님의 얼굴은 의연하고 평온하기가 이를 데 없다.

　초상화가 그려진 볏짚 낱개들 사이사이로 봄기운이 스며든다.

(2022년)

오래전에 부친 편지

　며칠간의 무더위 끝에 장대비가 쏟아진다.
　서재 창문을 닫고는 책장에 놓여있는 책들을 훑어보다가 무심코 맨 아래 옆으로 나란히 있는 서랍 중 하나를 열어 본다. 내가 넣어둔 기억은 없는데 주판, 인주 통, 묵은 수첩, 그리고 여행지에서 산 수집용 기념 스푼 한 묶음과 관광책자 등 잡동사니들이 들어있다.
　쓸모없는 물건들은 이참에 버릴 심산으로 꺼내 놓는데 서랍 안쪽 깊숙이 항공 우편들이 차곡차곡 쌓여있다. 항공우편 겉면에 쓴 주소로 보아 1971년 남편이 6개월간 미국으로 은행 연수를 갔을 때 내가 남편에게 보냈던 편지와 받은 편지들이다.
　다섯 살과 세 살의 사내아이를 키우면서 교편생활을 하던 나는 남편에게 집안 돌아가는 일이나 아이들 이야기를 적어 보내면서 보고픈 마음을 달래곤 했었다. 편지 지면과 양쪽 날개면 까지

오래전에 부친 편지 69

빼곡히 담겨있는 사연들이 어떻게 그 오랜 세월 동안 책장 서랍에서 잠자고 있었는지. 그 편지들을 다시 보게 되다니 반가움과 함께 놀라움으로 심쿵했다.

나는 하던 일을 제쳐놓고 앉아 차분하게 그 편지들을 차례차례 읽었다. 까맣게 잊고 지냈던 지난날의 여러 상황이 떠오르면서 내 젊음에 대한 향수인 듯 그리움인 듯 아름다운 추억들이 떠올라 애틋한 감회에 빠져들었다. 내가 보낸 편지들 중 하나를 옮겨본다.

보고 싶은 印!

오늘은 추위를 못 느낄 정도로 따뜻한 날씨네요. 당신 떠나고 봄도 지각을 한 모양인지 음산한 날만 계속되더니 오늘은 바람도 부드럽고 햇볕도 따사롭답니다.

지난 토요일엔 중앙우체국에 가서 당신이 보낸 아이들 목폴라 티셔츠와 멜방 청바지를 찾아왔어요. 두 녀석에게 그 옷을 입혀 놓으니 좀 크긴 해도 어찌나 멋진지. 첫째인 재형이가 "아빤 돌았나 봐, 이렇게 큰 걸 사 보냈게."라기에 아랫단을 접어서 입는 법을 가르쳐 줬더니 신나게 입고 동네방네 다니면서 "미국서 아빠가 비행기로 보내준 것."이라면서 자랑이 끝이 없답니다.

둘째 재하는 수두를 하는가 봅니다. 온몸에 쌍쌍으로 물집이

잡히고 긁으면 벌겋게 되면서 가려워 못 견딘답니다. 처음엔 아빠 피부를 닮아 심심하면 뭐가 돋고 긁는다며 걱정하면서 '캄비손' 연고를 발랐지만 낫지를 않아 안타까운 마음에 어머님께 전화를 드렸어요. 어머님은 '앞세기'라고 하시면서 그대로 놔두면 된다고 하십니다. 그날 저녁엔 재하가 "엄마는 어디서 나왔어? 아빠는 어디서 나오고?" 하면서 묻는가 하면 갑자기 하와이에서 찍은 당신 사진을 달라고 해서 꺼내줬더니 한참 동안을 들여다보면서 "아빠는 이만큼 크다. 나는 아빠를 닮았으니까 밥을 많이 먹으면 나도 아빠만큼 커진다. 엄마는 아빠보다 쪼끄맣다."라고 손으로 표현하면서 재롱을 부렸어요.

느닷없이 재형이는 "공부는 재미없을 것 같고, 숙제도 하기 싫어서 학교를 안 가려고 했는데, 생각해 보니까 학교는 가야겠다."고 하네요. 이어서 "공부를 해야 아빠한테 편지도 쓰고 만화도 볼 수 있으니까."라고 혼잣말을 합니다. 이렇게 셋이 재미있게 시간을 보낸답니다.

일요일 오전이라선지 골목길이 조용합니다. 몸이 찌뿌둥해서 안방 벽에 기대고 있는데 두 녀석이 내 옆에 꼭 붙어 앉아 밖으로 나갈 생각을 안 합니다. 낮에 아줌마하고만 지내다 엄마가 집에 있으니 좋기만 한가 봐요.

기분이 좋은 재형은 요다음에 커서 제가 돈을 벌면 엄마, 아빠에게 금반지도 사주고 반짝거리는 옷도, 자가용도, 부엌에 타일을 붙인 근사한 집도 다 사준다고 합니다. 그리곤 "엄마, 금보다 더 좋은 게 뭐야?"라고 묻기에 "다이아몬드지." 했더니 그럼 "엄마에겐 호랑이 털로 만든 코트에 다이아몬드 이빨도 해준다."며 신나 합니다. 내가 아이들을 끌어안으며 "재하는 어떻게 할래?"라고 물었더니 자긴 아빠한테만 사준데요. "왜냐하면 형이 엄마에게 많이 사주니까 저는 아빠만 사주면 된다나요. 그리고 자기 색시하고 쓰다 남으면 엄마도 사 준대요." 엉뚱하고 귀여운 내 새끼들!

여보, 오늘은 조조학습이 있어 아침 일찍 나가는 날입니다. 재형이가 비스듬히 누워 "엄마 치마가 짧으면 팬츠가 보여, 팬츠를 더 짧게 입어." 하곤 내가 옷을 다 입고 나니까 "그리고 밖에 나가면 엄마가 부잣집 사람인 줄 알 거야."라면서 이불속으로 다시 들어갑니다. 당신이 점검을 해주시던 아침 출근길을 아빠 대신 다섯 살 재형이가 몸조심하고 차 조심하라고 걱정해 준답니다.

어제 가슴이 아려 골목길을 걸으면서 눈물을 훔칩니다. 새벽 4시반경 깜깜한 중에 재형이가 깨어서 "엄마." 하고 조용하게 부르더군요. 그러더니 "엄마! 뭐 하나 물어 볼 게 있는데 대답해 줄래?"라고 하길래 품에 꼭 안으며 "왜, 꿈 꿨어?" 하고 물었더니, "엄마, 사람이 돌아가는 게 뭐지? 어떻게 사람이 죽어가는 거야?"

라며 묻더군요. 어린애가 이런 섬뜩한 질문을 하다니, 놀라웠으나 아주 부드럽고 자연스럽게 아는 만큼 대답해 줬어요. 그리고 나선 재형이를 꼭 끌어안고 다독이며 재미있는 이야기를 들려주면서 다시 재웠지요. 너무나 영리하고 예민한 것 같아 바르고 성실하게 정성을 다해 키워야겠다는 생각이 듭니다.

여보! 나는 요즘 예쁜 계집아이를 보면 욕심이 생긴답니다. 딸을 낳아 피아노나 그림이나 문학을 시켜서 잘 생기고 건실한 신랑을 구해 행복한 여인으로 살게 하고 싶어요. 당신이 50대쯤 딸을 데리고 예식장에 들어가면 장내가 훤해질 겁니다. 좋은 아빠, 착한 엄마 품에서 행복하게 자란 내 딸이 귀염받고 사랑받는 아내가 되도록 길러보겠어요. 내가 못해 본 것을 딸에게 다 불어넣어 주고 싶군요.

오늘은 수다가 너무 길었습니다. 참, 생활비가 부족하진 않은가요? 객지에서 돈 떨어지면 곤란하니 우리에게 물건 사 보내려고 애쓰지 마세요. 점심은 밖에서 해결한다지만 조석으로 음식 만들기가 힘들어도 제대로 챙겨 드셔야 해요. 이발도 자주 하고 봄철 옷도 사서 입으며 그곳 생활도 즐기세요. 다음에 봐요.

1971년 4월 27일 폼 드림

참으로 많은 세월이 흘렀다. 위 항공우편의 주인공이던 두 아들은 자식 둘씩을 둔 가정의 가장들로 환갑을 바라보고 있다. 세상이 신비롭고 순수하게만 보였을 54년 전, 자기들이 엄마 앞에서 무슨 말을 했는지, 어떻게 재롱을 부리고 소란을 떨며 자랐는지 전혀 모를 게다. 그때 내가 꿈꾸던 딸이 4년 후인 1975년에 태어나 지금 대학생 남매의 엄마가 되었다.

요즘은 자식들이 날로 심신이 허약해지는 우리 내외를 보호해 주려 애쓴다. 그러는 우리 삼 남매와 여섯 손주들을 생각만 해도 내 마음은 그저 든든하고 흐뭇하다. 아이들에게도 이 편지를 보여줘야겠다.

(2025년)

2.
미화된 기억

패션의 물결 속에서
런던 거리의 펑크 바람
스트리트 패션
미화된 기억
한복, 그 영원의 메시지
한복 사랑의 전설
추억으로 하는 여행
경주의 그날
긴 겨울밤의 꿈
알래스카 하이웨이의 천사들

패션의 물결 속에서

현대사회에서 패션은 중요한 비중을 차지한다.

패션이라고 하면 흔히 유행하는 옷차림만을 생각하게 되는데 생활 습관과 사고방식 등 그 시대의 성격을 규정짓는 모든 것을 포함한다. 학문이나 예술의 각 분야에서 포스트모더니즘의 사조를 기저로 한 논문이나 서적들이 쏟아져 나오자 학문의 패션화라 부른 평론가도 있었다.

풍부한 자원과 기술혁신 시대의 현대인들은 쉽게 패션을 접하게 됨으로써 패션의 소유에는 제한이 없는 것처럼 생각하지만 사실 패션처럼 배타적인 것은 없다. 즉 패션은 대중화의 조짐이 보이면 이미 또 다른 패션을 준비하고 있기 때문이다. 패션은 많은 대중의 동조로 절정에 이르지만, 또 동조자 때문에 파괴된다고도 볼 수 있다.

애초 패션의 발생은 남다른 것을 추구하려는 개성이 강한 인간의 심리 때문인데 패션이 일정 기간 유지되는 것은 집단에 소속되어야만 안정감을 느끼는 심리 때문이다. 남들과 동질감을 느껴야 안정감을 느끼면서도 또 남과는 다른 어떤 개성적 요소를 추구하는 것이 인간이다. 이러한 기본적인 인간 심리로 인하여 무수한 패션이 성쇠를 거듭하고 있다. 우리가 입는 옷, 대화, 음식, 라이프 스타일, 여행 및 레저 활동에 이르기까지 패션의 영향이 미치지 않는 것이 없다.

새로운 스타일을 수용하고 확산함으로써 패션 주기가 발생한다. 패션 주기란 패션 디자이너와 의류 산업체가 새롭게 내놓은 옷을 사회에 소개한 후 패션 선도자에 의해 그 옷이 수용됨으로써 점차 확산되고 대다수 소비자가 수용하여 절정에 이르게 되면 그 인기가 하락하다가 드디어 폐지된다. 이 패션 주기는 종 모양의 완만한 곡선을 이루면서 또 새로운 패션이 발생하여 도입기에 접어든다.

패션은 변화를 기본으로 하고 늘 새로운 것을 추구함으로 이는 창조와 일맥상통한다. 그래서 샤넬은 "패션이 패션에 의해 뒤떨어질 수밖에 없다."라고 말하기도 했다. 혁신적인 패션도 세월이 흐르면 오랜 전통이 되고 고전적인 스타일이 된다. 사람들은 옛것을 기초로 그 위에 새로운 것을 만들고자 할 뿐 아주 새로운 패션은 원치 않으므로 완전히 새로운 것보다는 현 상태에서 변화를 주는 정도로 만족한다. 변화의 특성은 언제나 점진적이며 한 요소가 변화할 때 다른 요소는 그대로 남아 있다.

기본적이면서도 복잡한 요인에 의해 이루어지고 있는 패션의 변화는 궁극적으로 소비자들이 그것을 선택하거나 거부함으로써 새로운 패션을 창조한다.

패션 변화에 영향을 미치는 요인으로는 사회, 경제, 정치, 과학적 요인이 있다. 사회적 영향으로 여성의 지위 향상과 역할 변화, 성차별과 연령차의 축소화를 들 수 있다.

급변하는 사회는 여성의 교육 증대로 인한 사회 진출과 성 역할의 변화를 야기시켰고 유니섹스 스타일과 캐주얼 웨어, 개성표현을 중시하는 의복 착용으로 나타나게 되었다.

또한 스포츠와 레저생활을 즐기는 현대인의 생활양식은 각종 스포츠복과 레저복의 개발을 촉진시켰으며 평상복의 디자인과 색상에도 많은 영향을 미쳤다. 중년층은 물론 노년층에서도 나이보다 건강하고 젊게 보이고자 하는 욕구가 나타나 유스룩(youth look)을 선호하게 되었다.

국제간의 교류 증진으로 의복의 세계화가 이루어졌고 경제성장, 소비자 집단 등 경제도 패션 변화에 영향을 미친다. 국가의 경제 상황이 불안정하면 패션도 혼돈을 맞게 된다. 기술적 발달은 대량생산 및 통신 시설의 발전을 가져왔다. 현재는 AI의 등장으로 디자인, 재단, 컴퓨터, 재봉 기술의 발달로 많은 상품을 단시간에 생산해 낼 수 있게 되었으며 매스 미디어와 위성통신의 발달로 전세계의 새로운 패션을 동 시간대에 어디서든 바로 볼 수 있는 패션 시대에 살고 있다.

패션의 물결 속에서 AI 시대의 패션은 어떻게 펼쳐질까.

(2020년)

런던 거리의 펑크 바람

두어 시경 전동차 안은 한적하다. 포근한 늦은 봄기운 탓인지 나른해 보이는 승객들은 스마트 폰을 들여다보거나 아예 눈을 감고 있다. 대학 새내기로 보이는 한 청년이 빈자리가 있는데도 앉지 않고 망연하게 서 있다.

나는 아무도 관심을 보이지 않는 그의 기괴한 펑크패션(Punk Fashion)에 눈길이 갔다. 오리지널 펑크패션의 상징성과 이미지를 많이 순화시켰지만, 유난스레 튀는 그의 옷차림이 왠지 정겹게 느껴졌다. 꼭 끼는 청바지는 허벅지까지 군데군데 찢겨 너덜댔다. 야릇한 글귀가 프린트된 구멍 난 티셔츠 위로 검은색 짧은 가죽 재킷을 걸쳤다. 금속 목걸이를 하고 벨트에 굵은 옷핀과 자물쇠를 주렁주렁 달고 쇠사슬을 서너 줄 늘어뜨렸다. 들쭉날쭉 자른 머리의 한쪽 부분을 노란색으로 염색했지만, 청년의 얼굴엔 화장기가 전혀 없다.

불현듯 나는 40여 년 전 런던의 번화가인 피카딜리 서커스나 트라팔가 광장의 구석진 자리, 하이드파크나 코벤트 가든 앞거리의 한 모퉁이에 여럿이 모여 록 음악을 틀어놓고 멍하니 앉아있던 괴기한 옷차림의 펑크족들이 생각났다. 그들은 멍이 든 듯 검게 칠한 눈언저리에 눈꼬리를 방추형으로 날카롭게 그리고 입술을 까맣게 바른 엽기적이고 공격적인 화장을 하고 있었다. 나는 그런 무질서하고 파괴적인 펑크족의 모습을 처음 보고 큰 충격을 받았었다.

1977년 5월의 어느 날 임지로 떠난 남편을 뒤따라 삼 남매를 데리고 런던행 비행기에 올랐다. 상공에서 내려다본 영국은 잘 가꾸어진 하나의 정원이었다. 마치 망망한 바다 위에 떠 있는 보물섬 같았다. 그 눈부시게 빛나는 아름다움에 내 가슴은 감동으로 벅차올랐다.

영국은 유럽의 변방 섬나라였지만 한때 세계 면적과 인구의 4분의 1을 지배한 큰 제국이었던 대영제국의 종주국이다. 자본주의 및 민주주의 체제와 여러 분야의 글로벌 표준을 정립시켰고, 지금도 식민지였던 국가들은 53개의 영연방을 구성하여 유엔 등 국제기구 등에서 막대한 영향력을 행사하고 있다.

산업혁명의 발생지인 영국은 대량생산을 통한 산업화로 인류에게 물질적 풍요를 누리도록 해주었다. 노벨상 수상자를 인구 비레당 많이 배출한 과학과 문화의 산실로 셰익스피어를 위시한 세계적인 문호들을 탄생시켰고 록밴드 비틀스와 신사복이나 미니스커트 등 패션을 선도한 나라이다. 지금도 정보지식산업과 세계 소프트파워를 주도하는 문화적 영향력이 큰 나라이다.

윔블던(Wimbledon) 테니스장 근처에 둥지를 튼 우리 가족은 틈만 나면 런던 시내의 명승지와 웨일즈와 스코틀랜드에 있는 궁과 성과 교회들, 그리고 박물관들을 찾아다녔다. 일반 가정집들도 자기 물건들과 조상들의 유물들을 전시하는 걸 심심찮게 보게 된다. 이곳은 전통적 가치를 존중하면서도 새로운 것을 탐구하며 예술적 가치를 지향하는 영국인들 특유의 감성과 지적인 통찰력과 잠재력의 축적된 보고이다.

고딕 건축양식의 교회들, 이오니아식, 도리안식의 건축물들과 박물관들은 오랜 세월 동안 보존이 잘 되어 있어 그 시대의 생활양식과 예술사조를 잘 보여주고 있다. 건축양식과 내부 장식은 물론 전시되어 있는 풍경화나 초상화, 그리고 그때 그 장소에서 살았던 사람들이 입었던 옷이나 액세서리들은 영국 고유의 것을 포함해 동서양의 모든 역사와 문화가 총망라되어 조화를 이루며 전시되어 있다.

특히 영국 자존심의 하나인 대영박물관에서는 전 세계로부터 수집한 방대한 갖가지 유물들을 소장하고 전시하고 있다.

도자기와 가구 및 공예품 등으로 유명한 빅토리아 알버트 박물관의 복식전시실과 웨일스의 바스(Bath) 복식박물관에서는 옷들과 신발과 장식품과 머리 스타일 등이 시대별로 변화된 형태로 전시되어 있다. 수집품이거나 가족에 의해 기증된 그 옷들은 한때 누군가의 제2의 피부로서 그들을 감싸주고 예쁘게 꾸며주면서 품위도 지켜 주었을 것이다. 이 옷들은 지금도 세상과 소통하면서 패션디자이너와 패션 업계 종사자들에게는 새로운 영감과 창작욕을 제공해주는 창구의 역할도 하고 있다.

10년 전 칠순을 맞은 나는 다시 런던을 찾았다. 마침 어떤 복식박물관에서 20세기 현대패션 기획전이 있었다. 그중에서 나는 1970년대 후반 영국 노동자 계층 젊은이들이 기성세대에 대한 반항으로 표현했던 펑크패션에 사로잡혔다. 일부러 추하게 입어 매

력적으로 보이지 않게 한 옷으로 1976년 런던 록밴드의 무대복에서 시작되었다고 한다.

  펑크는 새로운 질서를 위한 파괴적인 행위로 히피의 경건한 지식주의에서 벗어나 반 지식주의 또는 반 성취주의를 추구한 저항문화의 하나다. 아프리카의 원시 문화를 동경하고 보헤미안적 경향을 보이는 펑크패션은 주로 록 음악 연주자나 질서와 균형을 무시한 예술 파괴주의자들인 아방가르드한 젊은 예술가들 사이에서 열광적으로 퍼져나갔다.

  영국의 상류층과 중산층의 패션 성향은 대체로 보수적이고 정통 지향적이다. 런던 하면 베이지색 바바리코트를 걸친 남녀들이나 짙은 회색이나 검은색 정장 차림의 신사와 단정하고 우아한 투피스나 원피스 차림의 숙녀가 연상된다. 그런 곳에서 전혀 생경한 핑크패션이나 미니스커트 같은 파격적인 스타일이 시작되어 전 세계로 전파되는 것을 보면서 그들의 획기적인 패션 감각과 독창적인 창의력에 감탄하게 되었다.

그 무한한 힘은 전통과 미래를 아우르며 불가능을 가능케 하는 신비주의적인 영국인의 응축된 창작력의 승화이며, 현실 인식을 중시하는 경험주의 가치관을 공리주의로 이끌어내는 그들 특유의 저력에 있다고 본다.

시간이 흐르면서 디자이너들에 의해 왜곡되고 재해석되는 핑크패션은 영화에서도 빛을 발했다. 영화 속의 배우들은 대담하고 파격적인 핑크패션의 전향적인 모습에다 섹시함을 더한 의상을 선보임으로써 예술 전반에 무한한 패션문화의 가능성을 넓혀주었다. 하류층과 청소년들이 일으킨 핑크 바람은 시대의 변천에 따라 상류층 어른들의 하이패션에도 영향을 미쳤으며 그들의 가치관과 정신세계를 반영한 새로운 패션문화로 자리 잡았다.

오늘 전동차에서 본 해맑은 그 청년의 해학적이고 생동감 넘치는 핑크패션을 생각하면서 나는 아주 오래전 빅벤을 바라보며 템스강 다리를 넘나들던 내 젊었던 시절을 그리워한다.

런던 거리에서 불던 펑크 바람이 영국 록스타 비틀스의 〈예스터데이〉를 연주하는 남편의 아코디언 선율에 실려 내 가슴으로 스며드는 것 같다.

(2020년)

스트리트 패션

대낮 거리는 한 무리의 여학생들로 웃음꽃이 피었다. 여름방학 중의 보충수업이 끝났는지 학원들이 몰려있는 거리가 갑자기 떠들썩하다.

긴 생머리에 미니스커트나 핫팬츠를 입고 생기발랄하게 걷는 학생들 옆에서 한 학생이 넓고 긴 검정 바지를 길바닥에 끌면서 수다를 떨자 모두가 웃어 젖힌다. 그들의 웃음소리가 달리는 차 소리에 묻혀 공중으로 흩어진다.

문득 1960년도 후반에 유행했던 A라인 미니 원피스 스타일의 섹시한 옷차림이 떠올랐다. 내가 근무하던 학교에선 무릎 아래로 8cm 이상 내려오게끔 입었다. 그러다가 퇴근해 명동 거리로 나와 무릎 위로 올라간 미니스커트 차림의 젊은 여성들이 쭉 빠진 각선미를 자랑하며 생기발랄하게 걷는 모습을 보면 나도 모르게 기분이 좋아지고 하루의 피곤함도 가시는 듯했다. 그땐 신축성이 없는 소재여서 밑단이 퍼지는 A라인 스커트를 입었지만 오늘날의 미니스커트는 탄력성이 우수한 소재라서 히프(hip)의 윤곽선이 그대로 드러나게 폭이 좁아도 보행이 편리한 데다 단순미와 건강미와 절제미까지 보여준다.

1960년대는 2차세계대전의 종전과 함께 강대국들과 신생 독립국들도 근대화를 위한 변혁에 매진했고 경제와 사회발전의 가속화로 산업화와 도시화가 이뤄지는 격동기였다. 과학기술의 발달에 따른 인간 소외 현상은 반항 의식과 남녀 역할의 변화를 가져왔다. 시대가 변하면서 여성의 사회 진출이 늘어나 많은 여성들이 다양한 영역에서 직업을 갖게 되면서 패션계는 빠르게 성장했다. 젊은 세대가 기성세대의 전통과 관습에 도전하여 그들의 주장을 강하게 표출함에 따라 새로운 가치를 추구하는 패션도 창출되었다.

1964년 영국의 메리퀀트(Mary Quant)가 모델 튀기(Twiggy)에게 입혀 처음 선보인 미니스커트는 청년문화의 도래와 성 개념의 변혁에 따라 청년세대가 기성세대에게 보내는 반항의 표현으로 여성해방의 척도로 여기기도 했다. 60년대 후반 우리나라도 가수 윤복희가 활동적이고 편안함의 상징이기도 한 단순한 디자인의 미니스커트를 처음 선보이면서 젊은 층을 중심으로 대중화되었다. 그때 보수층의 비난과 풍기 문란이라는 이유로 무릎 위

20cm가 넘으면 경범죄로 제재를 가하던 적도 있었지만, 미니스커트의 유행은 전 세계 여성들에게 확산되었다.

미니스커트가 나오기 훨씬 전인 1926년엔 경제학자 조지 테일러가 "경제 호황기에 치마 길이는 짧아지고 하강기엔 길어진다."는 이론을 주장하였다. 실제로 1960년대 경제 호황기엔 미니스커트가 나왔고 1980년말 불황기엔 미디스커트가 유행하기도 했다. 하지만 정치나 경제가 불확실성 시대엔 주도적인 패션 스타일이 없어 자기 취향대로 치마 길이를 선택하는 경향을 보인다.

유난히 무더웠던 올여름, 미니와 핫팬츠는 가슴과 등이 깊게 파인 비키니 스타일과 함께 신체를 노출함으로써 성적표현을 암시하는 에로틱한 옷차림이 유행했다. 그런데 몸매를 드러내는 의상은 성적표현뿐만 아니라 강인함을 보여주는 여성파워를 상징하기도 한다. 미니스커트가 처음 도입되던 60여 년 전엔 정숙성을 중시하던 기성세대의 지탄을 받기도 했지만 사회구조와 사고방식과 생활양식이 달라진 지금 세대는 개성 위주 경향이 뚜렷해 타인의 패션에는 서로가 무관심할 뿐이다.

현대사회의 특징으로는 문화적 다원주의와 다양성과 복합성 그리고 개방성을 들 수 있다. 복잡한 사회 구조 속에서 주류문화에 속하지 못하는 구성원도 증가하게 되었고 이러한 집단은 심리적으로 소외감과 좌절감을 느끼게 되어 자신들만의 정체성을 확립

할 필요성을 절감하게 된다. 이러한 과정에서 등장한 것이 하위문화이며 지배적인 문화나 사회로부터 구별되기에 충분한 특징적인 패턴을 보이는 인종, 지역, 경제, 사회집단의 문화로 설명할 수 있다. 패션문화는 그 사회와 시대의 변천에 따라 그 지역에 사는 사람들의 정체성과 경제적, 심리적 요인들에 의해 형성되고 변천되어 왔다.

　패션은 변화의 속성을 지닌다. 새로움을 추구하는 디자이너는 독창적인 디자인의 상품을 창조해 대중에게 전파시키며 과거에 유행했던 스타일을 재해석해 새로운 스타일로 변형해 내기도 한다.

　1960년대의 히피 스타일과 미니스커트, 1970년대의 펑크스타일이나 스포티한 평상복, 질적인 삶을 추구했던 1980년대의 패션에 대한 개성화와 다양화, 그리고 부와 지위 상승의 상징이었던 1990년대의 정장 스타일을 요즘 디자이너들이 수정하고 과장과 첨삭 등을 통해 재해석하여 창작한 옷은 반항적인 이미지나 보수적인 이미지가 거의 드러나지 않는다.

　디자이너들은 과거 패션의 색상이나 스커트 길이, 디자인의 디테일에서 영감을 얻기는 하나 그들 나름의 재해석 과정에서 본래 패션이 추구했던 가치나 의도는 그 의미를 상실하게 되고 새로운 패션이 창작됨으로 패션문화는 풍성해진다.

스트리트(거리) 패션의 등장은 1940년대 미국에서 시작했다. 1950년대에 접어들어 대중 사회와 중산층의 등장과 그들 자녀들이 시장구조의 변화를 가져오면서 새로운 소비자 집단으로 구성되었다. 이른바 청소년 문화를 형성하게 되는데 이들은 소수 인종이나 하층 계급의 음악과 문화에도 관심을 기울이기 시작했다. 이러한 현상은 1960년대 젊은 세대를 중심으로 한 대중문화로 이어진다.

스트리트 패션의 특징은 아방가르드하고 파격적이며 때로는 과거의 것을 받아들여 새롭게 소화해 내기도 하는데 이 경우에도 자기 나름대로의 방식을 적용하여 매우 신선한 감각을 나타났다.

한편 여성해방운동이 제기되어 여성들은 그동안 터부시하였던 성에 대한 관념을 완전히 파괴했으며 해방된 육체의 자유를 만끽하려는 경향을 보였다. 한편 남성이 여자처럼 꾸미는 것과는 대조적으로 여성은 굳이 아름다움을 추구하지 않는 의식의 변화로 간소화된 의복 착용 경향이 늘어남에 따라 남녀가 동일한 헤어스타일과 의복을 착용하는 유니섹스 모드로 변화하였다.

스트리트 패션은 거리의 젊은이들, 이른바 신세대의 의복 착용에서 새로운 아이디어가 나오고 이를 하이패션 디자이너들이 받아들인 후 상품화하여 다시 일반대중에게로 돌아가는 패션의 흐름을 갖고 있다. 그들의 힘은 매우 커서 유명 상표의 디자이너들에게 영향을 미치기도 한다. 이처럼 스트리트 패션은 여러 분야에서 그 중요성을 인정받고 있어 현대 패션을 알려면 스트리트 패션을 올바로 이해하는 것이 필요하다.

 내가 살고 있는 서울 도심의 한 지하철역 앞 거리는 오가는 사람들로 항상 북적거린다. 길가에 줄지어 서 있는 가로수 그늘에는 여학생들의 미니스커트와 핫팬츠 차림의 귀여운 모습이 대세를 이룬다. 청바지와 티셔츠 등의 스포티한 평상복과 남녀 중장년층에서 노년층까지도 즐겨 입는 등산복 차림새를 비롯해 출퇴근 시 정장 스타일 사람들의 뒤섞여 걸어가는 발걸음은 차림새만큼이나 제각각이다.

 2023년 여름 스트리트 패션의 세계는 다채롭고 활기에 넘친다.

(2023년)

미화된 기억

긴 코트를 걸친 모델들이 자신감 넘치는 포즈로 무대 위를 걷는다.

온갖 꽃들이 만발한 봄인데 TV 화면에선 세계적인 유명 디자이너가 자신이 디자인한 올 가을·겨울용 남성복을 공개하는 패션쇼를 하고 있다.

최근 우리나라가 경제와 문화강국으로 부상하면서 패션도 세계의 중심지가 되어 해외 의류업체나 디자이너들은 한국 소비자의 취향과 선호도를 파악하려고 서울을 찾고 있다. 문득 패션쇼라는 용어가 생소했던 먼 옛날 멋모르고 무대에 섰던 기억이 되살아났다.

우리 가족은 1977년부터 4년 가까이 남편 근무지가 있는 런던에서 살았던 적이 있다. 시간이 나면 딸을 데리고 박물관과 유명 백화점과 패션전문점이 즐비한 패션 중심가를 배회하면서 옷이나 영국 전통 복식의 매력에 빠져들기 시작했다. 그러다 서양복 발상지인 이곳에서 패션 공부를 해보고픈 마음이 발동했다. 두 아들이 학교에 적응하고 딸아이가 네 살이 되자 유아원에 맡기고 Merton 테크니컬전문대학 패션코스에 들어갔다.

마지막 학기 복식사 시간이었다. 교수님이 영상으로 각 나라의 민속복을 보여주실 때 '기모노'가 비취자 "너희 나라 옷이다."라면서 나를 가리켰다. 그 순간 "그건 일본의 민속복이고 우리나라의 고유한 의복은 '한복'입니다."라고 하고는 다음 시간에 보여주겠노라고 했다.

내가 런던에 갈 때 혹시 입을 일이 있을까 싶어 챙겨온 한복이 전혀 예상치도 못했던 곳에서 공개되다니 꿈만 같았다. 다음 주 복식사 시간에 남녀 한복을 들고 가 마네킹에 입혔다. 옆 진열대 위엔 남녀 아동복 일습을 펼쳐놓았다. 교수님과 학생들은 비단 옷감에 자수와 금박으로 장식한 앙증맞은 아동복과 장식품을 보고 신기해했다. 입체재단이 아닌 평면재단에 꼼꼼한 솜씨로 바느질한 한복의 아름다움에 '러블리'를 연발했다. 학생들 반응이 좋자 교수님은 패션쇼 특별무대에서 한복을 보여주자고 하셨다.

졸업작품 패션쇼 때 나는 창작 의상을 발표한 후 한복을 위해 마련한 특별무대에 섰다. 매화를 수놓은 분홍색 치마저고리 위에 자주색 당의를 입고 런웨이를 걸었다. 곧이어 영국 남학생이 모델이 되어 바지저고리에 마고자 차림으로 런웨이를 돌고 내 옆에 섰다. 나는 "지금 보신 이 옷은 한국 일반 서민들의 평상복입니다." 그리곤 남학생은 진회색 두루마기, 나는 팔에 걸치고 나왔던 청남색 두루마기를 입고 흰 목도리를 두르고 나서 "이 차림새는 서민들이 외출할 때 입는 평상복입니다. 행운을 기원하는 혼례복이나 불효와 슬픔을 예(禮)로 나타내는 상복이나 제례복은 평상복과 다릅니다."라고 더듬거리며 설명했다.

다섯 살배기 내 딸내미는 빨간 치마에 색동저고리를 입고 구슬과 꽃 자수로 장식한 조바위를 쓰고 오색주머니를 들고 무대에 올랐다. 깡총한 치마 밑으로 타래버선과 꽃고무신이 보였다. 지인의 아들내미는 바지저고리 위에 금박으로 선을 두른 전복을 입고 장신구를 매달은 전대를 허리에 맨 후 복건을 썼다. 우리 넷은 무대 중앙으로 나가 관중에게 인사를 했다. 처음엔 신기하다는 듯 잔잔한 미소만 짓고 있던 그들은 일반 서민들의 외출복인 평범한 한복을 보았을 뿐인데도 그 아름다움과 우아함에 감탄하며 환호했다.

암울했던 시절 외국에 간다니까 혹시 파티에 갈 일이 있을 걸 기대했었나. 발동한 애국심의 발효였을까. 아니면 단순한 우연의 일치였을까. 이삿짐 속에 넣고 온 한복이 이렇게 빛을 발하면서 영국인들에게 한복을 알리고 환호를 받을 줄은 미처 몰랐다. 그

미화된 기억 97

날 이후 한복을 입을 일은 정경화의 바이올린 협주곡 공연에 갈 때뿐이었다.

현재 우리나라는 경제력, 군사력, 반도체 중심의 기술력, 미디어콘텐츠는 물론 K-컬처 등에서 강력한 국가로 부상해 세계인들의 열광을 받고 있다. 그러나 반세기 전의 한국은 세계인들에게 주목받지 못했으니 우리의 전통한복도 그들의 관심을 끌기엔 역부족이었지 싶다.

1980년 말에 귀국한 나는 이듬해 3월부터 다시 교단에서 학생들을 가르치며 학회 활동도 열심히 했다. 1996년 7월 29일~31일에 걸쳐 한국복식학회는 덴마크 코펜하겐 국립박물관에서 국제학술대회를 열어 분과별 논문발표와 〈국제의상초대전〉을 주최했다. 그 학회의 피날레로 행한 전통혼례 시 폐백(幣帛) 시연을 본 외국학자들은 큰 감동을 받은 듯했다.

폐백은 혼례를 마친 신부가 시부모와 시댁 어른들께 드리는 첫인사다. 그때 나는 시어머니 역을 했다. 신랑은 조선왕조 때 백관의 공복이었던 북청색의 단령에 사모를 쓰고 품대를 하고 흑화를 신었다. 신부는 공주의 예복이었던 홍색 스란치마에 노랑 삼회장저고리를 입은 위에 홍색 활옷을 입고 칠보화관을 썼다. 신랑 신부 옷의 색채나 문양 및 장식은 음양오행 사상과 상징성을 지닌다는 설명에 모두들 감탄했다. 외국 학자들은 사진 찍느라 바빴다.

2003년 8월 8일엔 미국 LA 윌셔 이벨극장에서 '한인미주이민 100주년기념' 사업의 일환으로 문화관광부 주최로 한복 패션쇼를 열었다. 나는 한복연구 전문가들과 함께 한국 전통의상을 출품한 한국복식학회의 회장으로 참여하였다. 한복산업에 종사하면서 세계 각지에서 한복패션쇼를 열고 있는 한국의상협회 회장과 디자이너들은 현지에서 모델 선발과 연출, 분장과 착용법까지 지휘하며 일사불란하게 쇼를 진행하였다. 재미교포들과 미국인들에게 조선왕조시대 왕가의 복식부터 서민복 등 시대별로 변화된 한복을 비롯해 한복을 현대화시킨 패션 한복까지 보여줘 관중들의 박수와 현지 언론의 큰 주목을 받았다.

전통한복에서 말하는 음양오행설이란 남자는 양(陽)이요 여자는 음(陰)이다. 청색(靑色)은 정색(正色)이라 양이고 홍색(紅色)은 적색과 백색 사이 색으로 간색(間色)이라 음이다. 혼례 시 입는 신랑의 청색 관복과 신부의 홍색 활옷은 이성의 결합이며 만복의 근원이라는 음양의 결합을 의미한다. 혼인은 일생을 통해 가장 경사스러운 의식이므로 혼례일만큼은 서인도 제왕의 위치에서 많은 사람들로부터 축하를 받는 권위와 영광을 부여하였다. 활옷에는 모란, 연꽃, 불로초, 나비 등 이외에 십장생을 수놓아 부귀영화와 장수와 다남을 기원하는 상징성을 표현하였다.

이렇게 먼 옛날의 추억을 더듬다 보면 저절로 행복해진다. 나는 한국복식연구가 주 전공은 아니지만 한국의 역사와 문화와 우리 민족이 추구하는 미적 가치와 상징성, 그리고 자연의 이치를 품고 있는 한복에 무한애정과 긍지를 갖고 있다.

오늘 TV에서 모델들을 보는 순간 반세기 전 런던 Merton테크니컬대학에서의 패션쇼와 진회색 두루마기를 입고 나와 함께 무대에 섰던 영국 남학생과 지인의 아들이 생각난다.

어느새 내 딸은 대학생 딸 남매의 엄마가 되었다. 빨간 치마에 색동저고리를 입고 런웨이를 걷던 다섯 살 때의 모습은 빨간 장미보다 더 예쁘게 미화되어 늘 내 기억 속에 피어있다.

(2022년)

한복, 그 영원의 메시지

설 연휴 끝머리 나들이다. 친구들과 헤어져 엘리베이터에 오르니 단정한 올림머리에 고상하고도 단아한 한복차림의 여인이 홀로 타고 있었다.

두루마기 깃 위에 다소곳이 뉘인 목도리와 느슨하게 둥근 고리를 지어 아래로 길게 늘어뜨린 옷고름의 흐름은 계절의 삭막함도 짙은 화장품 향기의 어지럼도 묻어버렸다. 단아함과 포근한 여유가 있을 뿐, 내가 입은 모직 코트와는 비교될 수 없는 따스함이 깃들어 있다. 그녀가 입은 한복의 선(線)이 보여주는 멋은 미황색 비단 두루마기와 자색 치마의 우아함으로 더 곱게 빛났다. 수자직 두루마기의 질감과 윤기가 고급스러움을 더했다. 운 좋게도 내려가는 엘리베이터에는 우리 둘뿐이었다.

정초라서인지 여인의 한복에서는 한국적인 정서와 전통문화를 존중하는 그녀의 자긍심을 엿볼 수 있었다. 품위 있으면서도 격조 있는 한복 맵시에 감탄하는 나를 보며 미소 짓는 그녀의 눈길은 정겨웠다. 엘리베이터에서 내려 호텔 로비를 걸어가는 그녀의 뒤태를 보면서 문득 평생 쪽 찐 머리에 쉰아홉도 못 넘기고 돌아가신 어머니의 모습이 떠올랐다.

내 가슴속에 살아있는 어머니의 한복 입은 자태는 정숙함과 엄격함, 그리고 넉넉함과 평화로움의 상징이다. 보름달 아래 맑은 물 한 사발을 떠 놓고 두 손을 고이 포개 빌던 어머니의 모습처럼 한복의 멋은 화려함이 아닌 고요함과 은은함과 소박함이다. 둥글고 자연스러운 선의 부드러움이다. 사랑과 관용의 푸근함이다. 수줍은 듯 단아한 모습의 한복은 눈과 마음까지 씻어주는 은근하고 겸허한 내면의 아름다움이다.

한복 착용은 삼복더위라 할지라도 저고리 한 벌만을 입지 않는다. 하후상박 형태를 보이는 한복은 속옷을 겹겹이 갖추어 입어야만 옷 태가 살아난다. 저고리는 가슴이 들뜨지 않아야만 도련선이 예쁘게 보이고 치마와 바지도 속치마 속바지를 겹쳐 입어야만 항아리처럼 부풀게 되는 전통 한복의 모양새를 이루게 된다. 옷감을 직선으로 평면 재단하고 그대로 꿰매어 만든 한복은 주름이나 띠를 매어 풍성한 여유를 주게 되면서 인체의 선을 살려내므로 직선과 곡선, 평면과 입체의 결합으로 이뤄내는 유연한 아름다움을 지닌다.

앞가슴에 단정하게 모아지는 직선의 깃에서 느껴지는 정숙함과 섶코의 날아갈 듯한 곡선에서 보이는 변화와 생동감은 희고 예리한 동정의 깎아낸 듯한 직선과 조화를 이뤄 저고리 매무새의 고결함과 정갈함을 승화시킨다. 저고리 도련선과 소매 배래선의 부드러운 곡선은 긴 치마의 풍성함과 여유로운 균형을 이루면서 안정감을 준다. 거기에다 옷감의 재료와 색채와 문양, 그리고 형태 및 착용법 등의 조화로 한복은 아름다움과 감각적인 매력을 창출한다.

상고시대부터 저고리, 치마, 바지, 두루마기(袍)가 우리의 고유복이었던 한복은 한민족의 역사와 문화의 발달과정과 밀접한 관계를 맺으며 변천되어 왔다. 조선시대에는 특히 관혼상제례를 중시하여 그 각각의 의식에 합당한 의례복을 착용하였다. 색동옷이나 혼례복은 음양오행설이나 장식적 요소인 문양과 노리개 같은 장신구에는 길상이나 기축, 주술적 위력을 부여했다.

우리나라는 광복과 한국전쟁을 헤쳐 나오면서 격변한 사회 변화와 경제의 급성장으로 한국인의 의식구조와 생활양식이 크게 바뀌었다. 특히 여성의 사회진출이 증가함에 따라 활동성이 편한 양복 착용이 보편화되면서 한복은 설날이나 혼례식이나 장례식 등 특별한 경우에만 착용하는 경향을 보인다.

1960년대 후반 한복 연구가 이리자(1935-2020)는 현대인들의 체형과 취향을 고려하여 A라인 실루엣으로 변형한 치마를 미스코리아에 입혀 세계무대에 진출시키면서 한복의 디자인화와 고급화를 주도했다. 그 후 패션 디자이너들에 의해 한복은 다양한 색상과 현란해진 무늬 등의 변화가 이어졌고 실용적인 소재 개발과 더불어 기능성과 관리의 편이성 및 활동성을 고려한 저렴한 생활한복의 대중화로 자리매김하게 되었다.

한복 디자이너 이영희(1936-2018)는 1993년 파리 기성복 패션쇼에 참가하여 한복 치마를 드레스화한 작품으로 '바람의 옷'이란 찬사를 받았고 그 후 여러 차례의 파리 패션쇼에 참여해 한복의 패션화와 세계화에 기여했다.

최근에는 동양적인 여유와 신비한 곡선미에 매료당한 해외 디자이너들도 한복에 찬사를 보내고 있다. 아울러 한복에서 받은 영감으로 자연을 닮은 다양한 소재와 한국적인 혼이 담긴 모티브로 디자인한 패션 한복이 한류 바람을 타고 연예인들의 무대의상이나 한복 애호가들의 일상복으로 널리 입혀지고 있다.

전통 한복은 물론 생활한복이든 패션 한복이든 우리 고유의 문화와 정신이 깃든 전통미의 가치와 삶의 숨결이 우리 민족의 섬세함과 우아함의 미적 감각과 조화를 이루며 디자인되었으면 하는 것이 내 바람이다. 한복은 잊혀져 가는 옛것이 아니라 현대에 살아 숨 쉬는 우리의 아름다운 전통이다. 한복을 입을 때는 공손한 마음 자세와 조신한 태도를 취했으면 하는 욕심도 부려본다.

한복은 입는 이를 생각하며 한 땀 한 땀 정성 들여 바느질하는 옷 짓는 사람의 솜씨와 그 옷에 담긴 참된 의미와 진귀한 가치를 알아보는 마음씨와 그 옷을 사랑하며 감사한 마음으로 입는 이의 맵시가 함께할 때야만 비로소 한복의 자연미, 전통미, 품격미가 어우러지며 아름다움의 극치를 이룬다.

호텔 로비를 걸어가던 그 한복 여인의 기품 있고 다소곳한 뒤태가 아른거린다. 동그스레 조붓한 어깨에서 허리로 이어져 내려오는 조용한 몸놀림의 은근한 율동미는 고혹적이었다. 발을 옮겨 놓을 때마다 치맛자락 사이로 살짝 엿보이는 새하얀 속치마와 버선목에선 에로틱하고 신비한 기운마저 감돌았다.

오늘 본 중년 여인의 한복이 아름다운 나래를 펼치면서 내는 비단 치맛자락 스치는 소리가 귓가에 맴돈다. 순간 먼 옛날 평생 한복만 입으셨던 어머니의 정겨운 한복 모습이 전하던 그 영원의 메시지가 가슴속으로 스며든다.

(2021년)

한복 사랑의 전설

2024년, 여름의 찜통더위는 수그러질 기미가 없다.

그런 날 정오 95세의 손경자 교수님은 80 중반인 박사 제자의 미술 전시회를 축하하기 위해 인사동까지 오셨다.

그런데 전시회장은 작품이 철거된 상태였다. 다행히 제자를 전시장 입구에서 만나 축하인사는 나눴다지만 그림을 한 점도 보지 못해 아쉬워하셨다. 우리는 마지막 날 오전에 전시장을 비워줘야 한다는 그 화랑의 사정을 모른 탓에 그만 허탕을 치고 말았다.

그날 나는 선생님께서 오신다는 전시장으로 향하면서 선생님께 드릴 인견 잠옷을 사고 식사도 모신다며 미리 식당도 알아놨다. 하지만 교수님은 위장에 탈이 나 도저히 외식이 어렵다며 따라온 건강보호사에게 차를 잡으라고 하셨다. 오히려 맛있는 음식을 남편과 함께 사 먹으라며 준비해 오신 봉투를 내게 찔러 주셨다. 엄마가 나에게 하시던 모습 그대로였다.

한창 시절 정초에 선생님 댁으로 세배를 가면 충청도식 세배상을 푸짐하게 차려 배불리 먹이시고 떠나올 땐 꼭 뭔가를 들려 보내곤 하던 넉넉하고 자애로운 분이셨다. 그런데 택시를 타시는 교수님의 초췌해진 뒷모습이 내 마음을 아프게 했다.

문득 40여 년 전 한국복식학회 주최 국제학술대회 때의 리셉션 장면이 떠올랐다. 이틀간의 학술발표와 작품전시회가 끝난 후 회원들은 자국의 민속의상을 입고 참가했다. 그때 회장이셨던 손 교수님은 아름다우면서 단아한 치마저고리 차림으로 부드럽고도 당당하게 분위기를 이끌어 가셨다.

지성미와 품격을 지닌 손 교수님은 우리 세대 의류학 전공자들의 존경을 받으면서 많은 제자를 배출하셨으며, 학회 활동에도 뛰어난 능력을 발휘하신 분이시다.

1981년 4년 만에 런던에서 돌아와 교단에 다시 서게 된 나는 캠퍼스의 활기찬 생동감과 학생들의 역동적인 학구열에 고무되었다. 그동안 한국의 경제성장과 사회적 시대적 변화는 사람들의 생활양식을 향상시켰고, 컬러 TV의 등장과 기성복의 대중화 및 교복의 자율화는 패션산업 발달에 활기를 불어넣어 주었다. 패션 세계의 급변에 따라 의류학과는 체계적인 전공별 세분화와 다양화와 연구 방향의 다변화를 지향하였다. 나는 그때 뭔가 부족함을 채우고 싶어 박사과정을 밟게 되었다. 그때 국내 대학원에서도 의류학과 박사학위 과정이 개설돼 전임 교수들이 많이 갔다.

손 교수님은 나를 세종대학교 대학원에서 박사학위를 받을 수 있도록 도와주신 은인이시다. 현직을 유지하면서도 그 박사과정의 관문을 통과하게 된 건 온전히 손경자 지도교수님의 애정과 격려 덕분이라고 생각한다. 그저 고마울 따름이다.

한국 복식사 연구의 대가이신 교수님은 여러 권의 저술과 연구 논문을 통해 후학들에게 한국 복식사 연구의 목표와 방향을 제시해 주셨다. 1960년대 초부터 예술적 감각이 뛰어나신 교수님은 지도하신 학생들의 의상작품을 작품전시회나 패션쇼를 펼칠 수 있도록 장을 마련해 주셨다. 한국의 존재감이 미약했던 시절, 손 교수님은 일본을 비롯해 하와이, 대만, 미국 등지에서 최초로 한복 패션쇼를 열어 세계에 한국을 알리셨다.

1983년 한국일보사가 제정한 제24회 한국출판문화상을 받은 『한국복식사 자료선집(韓國服飾史 資料選集)』 전 3권(손경자, 김영숙 공편 저)은 『조선왕조실록』에서 조선시대 조상들의 복식 제도를 발췌해 신분 계급과 복식 종류와 착용법에 걸쳐 남녀별로 집대성해 놓은 역작이다. 그 시대의 복식뿐만 아니라 문화와 풍속사 등을 연구하는 학자들에게는 필독서라 생각한다.

1984년에 편찬한 『조선왕조 한국복식도감(朝鮮王朝韓國服飾圖鑑)』(김영숙, 손경자 공저)은 조선왕조 시대 왕가의 남녀가 착용한 복식의 앞, 뒤 모습을 그린 책이다. 의상이나 장신구의 형태와 색채와 재료 및 크기를 실물 그대로 재현할 수 있도록 치수를 계측하고 옷 재단 시 직선과 사선의 위치를 정확하게 표시해 가며 제도법까지 그려놓았다. 복식사 연구자는 물론 궁중복이나 고전복을 제작할 때는 물론 우리나라 문화유산으로도 가치 있는 책으로 같은 해에 일본에서도 출판되었다.

또한 우리나라의 패션문화가 지금같이 활발하지 못했던 1995년에 손 교수님은 『패션 일러스트레이션』을 발간하셨다. 이 책은 패션디자이너나 패션 정보를 제공하는 패션산업 종사자들에게 패션 이미지를 시각적 형태로 표현하여 패션 아이디어를 옷으로 창작할 수 있는 지침서이다.

손 교수님은 세종대학교 재직 시 교무처장과 학생처장 등 여러 보직을 두루 거치시며 학교 발전에 크게 공헌하였으며, 학생들의 강의와 연구에 열중하시면서 학생들이 자기 진로를 개척할 수 있도록 지도하셨다. 대외적으로는 의류학계에서 최초로 한국복식학회를 창립하는데 큰 역할을 하셨고 회장도 역임하셨다. 한국, 일본, 대만이 주축이 된 국제복식학회 창립에도 중책을 맡아 이끌어 오셨다.

국제복식학회는 전 세계 학자들이 참여하는 국제간 복식 관련 학회로 동서양 학문교류와 연구의 활성화를 도모하기 위해 정기

학술대회에선 학술논문 발표와 패션작품발표회를 개최하고 있다. 이런 행사를 위해 지금도 아낌없는 지원과 노력을 기울이고 계시는 손 교수님은 한국복식학회의 발전과 학자들을 응원하기 위해 학회에 거금을 희사하시어 매년 춘계, 추계 정기학술대회에서 '손경자 우수논문상'과 연구비를 수여하신다.

손 교수님은 조선왕조 궁중 복식도 재현하시면서 국내외 무대에서 한복의 아름다움과 한국 문화의 우수성을 보여주셨으며 국제간의 문화적, 학문적 교류에 힘쓰셨던 그 궁중복식들을 세종대학교 박물관에 기증하셨다. 또한 손 교수님이 착용하셨던 의상들을 경복궁에 있는 국립민속박물관에 기증하셨다.

석주선박물관에는 손 교수 어머님이 손수 무명실을 뽑아 9세 배를 짜서 만든 옷 등과 고가구를 기증하셨다. 이는 20세기 초반부터 현재에 이르기까지의 한국의 사회상과 한복과 전통문화에 내포된 의미와 아름다운 생활상을 몸소 실천하신 손경자 선생님 모친의 삶의 궤적도 미래세대들에게 전해 주시려는 복식 사랑의 실천이라고 생각한다.

긍정적인 사고로 상대방을 배려하고 신뢰의 가치를 존중하시면서 진·선·미의 합일점을 추구해 오신 손 교수님은 시대를 앞서가는 진정한 학자의 표상이시다. 강의실과 공식 석상에서나 사적인 모임에서의 손 교수님은 우아하고 품위 있는 옷차림과 매너로 패션의 정석을 보여주시는 진정한 멋쟁이시다. 연세가 높으시지만 꼿꼿한 자세와 품위 있는 모습을 지니시는 손 교수님은 독실한 기독교 목사의 아내로서 주변에도 사랑을 베푸시며, 무한한 포용력과 자애로움으로 신자들과 제자들을 보듬어 주신다.

평생을 한국 전통 복식과 한국 전통문화의 가치를 추구하시면서 후학들과 미래세대의 전통문화 창달을 위해 진정한 교육자의 삶을 실천해 오신 손경자 교수님께 존경의 마음을 전한다.

우리나라 근현대 역사를 관통하신 손경자 교수님의 인생사와 한복 사랑은 미래세대에까지 영원히 빛을 발할 것이다. 평소 제자들을 끔찍이 사랑하시는 교수님은 오늘 제자 정홍숙의 미술 전시를 못보시게 되자 "좀 일찍 왔으면 좋았을 텐데."라며 안타까워 하셨다.

존경하옵는 손 교수님!

세상 살아있는 모든 이들에게 웃음과 희망을 주시면서 자녀분들과 손주들 사랑속에서 오래오래 행복하시기를 기원합니다.

한복 사랑의 전설이신 손경자 교수님, 사랑합니다.

(2024년)

추억으로 하는 여행

　초유의 코로나19 발발로 세계가 봉쇄되어 간다. 2020년 1월 말, TV 화면으로 보는 런던의 거리도 암울하고 스산하다.
　코로나19 확산세의 폭증에다 변이 바이러스 발발의 공포까지 덮친 런던 시내는 사람들의 발걸음도 멈춰버렸다. 피카딜리 서커스(Piccadilly circus)의 텅 빈 광장을 에로스 동상이 홀로 지키고 있다. 문득 전 세계에서 온 사람들로 붐비던 그곳의 옛 풍경이 내 기억 속에서 파노라마로 펼쳐진다.
　1977년 5월에 남편을 따라 런던으로 간 우리 가족은 테니스의 본고장인 윔블던에 둥지를 틀었다. 우리는 아담한 2층 벽돌집에서 밤이면 뒤 정원 고목에서 우는 부엉이 소리에 잠이 들고 아침엔 새들의지저귀는 소리에 눈을 뜨며 평온한 일상을 누렸다.
　나는 템스강(River Thames) 변에 있는 네오고딕 양식의 영국 국회의사당 빅벤과 바로크 양식인 세인트 폴 대성당을 보고 그 웅

대함과 위용에 감탄했다. 그 건축물들은 전통을 존중하고 권위적이면서도 공리주의적인 영국인의 특이한 내적 속성을 지니고 있다. 그건 불가사의한 미지의 영역도 현실화하는 영국인의 탁월한 창의적 상상력이 과학과 예술과 지적인 자산을 승화시켜 형상화시킨 정체성과 자존심의 상징이었다.

신고전주의 건축양식인 대영박물관은 전세계에서 수집한 8백만여 점에 달하는 유물들을 소장하고 전시하고 있다. 선사시대와 구석기시대의 동굴 벽화로부터 모든 시대에 걸쳐 인간이 이뤄놓은 온갖 것들의 궤적은 인류의 역사와 문화유산의 총집합체로 보여졌다.

고대 이집트 상형문자가 새겨진 로제타석 등 고대 및 중세와 근대의 미학적 가치가 있는 작품들을 비롯해 이집트의 미라도 많이 있었다. 세월의 깊이와 무게를 안고 누워 있는 이집트의 미라들은 저승 여행의 환상에 잠겨 있는 것 같았다. 아마도 그들은 시공을 초월한 우주의 이치와 신비라는 영원한 명제를 안고 선조들과 미래세대까지를 아우르며 부활의 꿈에 젖어 있는 듯했다.

여러 분야의 특화된 박물관도 많다. 우리 부부는 아이들을 데리고 런던 자연사박물관, 국립미술관, 빅토리아 알버트박물관, 처칠박물관 등을 찾아다녔다. 영국하면 뭣보다 셰익스피어 생가나 처칠 생가의 구석구석과 그 주변 거리들과 자연경관의 아름다움이다. 영어권에서 가장 오래된 옥스퍼드대학교와 케임브리지대학교는 중세의 역사적인 건물들과 녹지대로 이루어져 운치가 있다. 세계의 정계, 과학계, 재계, 교육계의 인물들을 비롯해 노벨상 수상자들과 영국 수상들을 많이 배출한 학교로 유서깊은 박물관과 도서관 앞에만 서도 흐뭇했다.

피카딜리 서커스에서 리젠트가로 이어지는 거리는 유명 백화점들과 영국의 명품 버버리를 비롯해 세계적인 브랜드의 패션전문점들이 즐비한 관광과 쇼핑의 중심지이다. 슈트 정장이나 캐주얼 웨어나 펑크스타일 등의 개성 있는 옷차림과 민속복 착용의 관광객들이 오가는 이 거리의 패션은 패션전문점의 쇼윈도에 진열된 명품브랜드의 옷들과도 묘하게 어우러지며 늘 활기에 넘친다.

그 주변의 벌링턴 아케이드(Burlington Arcade)는 보석이나 향수 등을 판매하는 상가이다. 그 주위로 아트 갤러리들이 있어 다양한 예술품을 접할 수 있다. 매주 토요일이면 사람들이 많이 찾는 포토벨로 로드 마켓(Portobello road Market)은 빈티지 의상, 골동품, 주방기구, 가구 및 중고품을 비롯해 음식이나 야채 과일 등을 파는 시장이다. 색색의 상가 건물이 즐비한 곳에 재봉틀로 인테리어를 한 독특한 옷가게가 눈길을 끈다. 요란한 분장을 한 길거리 행위예술가들의 공연은 늘 재밌고 활기찼다.

매년 1월 1일과 여름에 실시하는 정기세일 시즌이 오면 헤롯 백화점은 고급스럽고 화려한 인테리어에 명품 브랜드의 옷과 보석, 가구 등을 비롯해 '해롯' 자체 브랜드의 기념상품들로 소비자들을 현혹한다. 그 백화점은 세일기간 중 로얄 알버트 본차이나 등 식기류를 싸게 파는데 특히 그 유명한 웨지우드 본 차이나(Wedgwood bone China)를 고객 사은 차원에서 파격가로 팔기 때문에 외국에서까지 원정 온 사람들로 매장 안은 아수라장이 되곤 했다.

음악을 좋아하는 남편이 정기관람회원에 가입해 매달 1회 음악회에도 갈 수 있었다. 그 당시 갓 데뷔해 영국인들에게 큰 사랑을 받고 있던 바이올린의 거장 정경화가 연주하는 로열 페스티벌 홀에 갔을 때의 일이다. 내가 매화 자수를 수 놓은 연분홍색 공단 한복을 입고 홀을 거닐고 있을 때였다. 한 숙녀가 조용히 다가와 감탄하며 물었다. "미안하지만 한번 만져 봐도 괜찮을까요? 어딜 가면 이 예쁜 드레스를 살 수 있을까요?" 내가 한국의 전통의상인 '한복'이라고 하자 신기해하며 미소를 보내던 그분의 얼굴이 아슴푸레 떠오른다. 휴게시간에 만난 정경화가 "무대에서 눈에 띈 한복이 참 아름다웠어요. 앞으로도 계속 입고 오세요."라고 말하던 앳된 그녀의 해맑던 모습이 눈에 선하다.

삼십 대 후반의 싱그럽던 내가 어느새 팔순 줄에 들었다. 4년여에 걸친 런던에서의 새로운 경험 앞에서 감개무량해 했던 그

시절로 추억여행을 하며 내 나름대로 '코로나 블루'를 달랜다.

다르다면 그때는 그 거리를 젊은 발로 뛰어다녔지만, 지금은 40년도 넘게 지나버린 세월의 뒤안길에서 화면으로 보고 있다는 점이다. 하지만 지금의 내겐 이것도 좋은 것 같다.

그렇게 나는 앉아서 추억여행을 한다. 그 추억 속에서 런던은 내 가슴을 아직도 일렁이게 한다.

(2020년)

경주의 그날

경주행 고속철 예매표를 취소했다. 벌써 세 번째다. 지난 5월에는 감기가 심하게 왔던 나 때문이었고 8월과 9월에는 태풍이 몰고 온 강풍과 폭우로 취소했다. 태풍의 북상으로 서울에도 거친 바람에 비가 섞여 내린다.

인터넷으로 예매도 하고 취소도 할 수 있으니 참 편리한 세상이다. 자식들이 다 떠나버린 빈 둥지에 늘 그렇듯 남편과 나만 덩그러니 남아 오늘 못 간 경북지역의 기상특보를 시청하고 있다. 경주의 왕릉이나 사찰과 석탑들, 그 많은 유적이 거센 바람과 장대비에 쓸리고 닦일 것을 생각하니 마음이 쓰리고 아프다. 문득 품안의 자식이라고 어리게만 생각한 아이들에게 추억을 만들어주고 싶기도 하고 우리나라의 전통문화재를 보여주고 싶은 마음에 천년고도 경주에 갔던 그날이 생각난다.

5월의 하늘은 맑고 흰 구름도 흘렀다. 가족 여행을 한다는 게 쉬운 일처럼 보이지만 집이 아닌 곳에서 며칠간 함께 한다는 것은 결코 쉬운 일이 아닌 것 같다. 과외수업이 전면 폐지되었던 1982년 초였다. 고1이 된 큰녀석은 빡빡한 학업 스케줄로 묶여 있어 자기 시간을 할애해 준다는 것에 큰 용단이 필요했다며 생색을 냈다. 더구나 중3때 수학여행을 다녀와 이미 구면인 경주라서 더 매력을 느끼지 못하는 듯 시큰둥한 태도였다.

중2인 둘째 녀석도 부모와 같이 황금연휴를 지내는 것보다는 제 또래들과 어울리는 것이 더 좋다는 눈치였다. 가장으로선 큰맘 먹고 선심을 쓴 가족여행이건만 아들놈들은 고맙지 않은 듯했다. "별로 볼 것도 없어." 이것이 첫째의 경주행에 대한 반응이었다.

어렸을 적 무조건 좋아라하고 따라나섰던 아들들은 어느새 부모보다 제 친구들과의 어울림을 더 좋아해서인지 이번 여행에 대한 설렘과 환상은 없어 보였다. 막내인 딸아이와 나만 잔뜩 흥분해 기대에 부풀어 있었다. 나는 고등학생 때의 수학여행지였고 교사가 되어서는 학생들과 함께 찾았던 곳이기에 경주는 내게 추억이 깃든 정감가는 곳이다.

마침 석가탄신일을 맞은 경주는 불교문화를 대변하는 축제 분위기였다. 가로수마다 연등 시주 행렬이 넘쳤고 여러 사찰들, 크고 작은 집들과 거리의 인파 모두가 경주라는 이름의 한 도시에서 시공을 초월해 공존한다는 의미 이상의 연대감이 있었다. 불국사 법당에선 불자들의 불공이 이어지고 있고 사찰 경내의 넘쳐나는 인파 중에는 외국인도 많이 섞여 있었다. 고즈넉한 기와집 동네의 골목도 오늘따라 아낙네들과 아이들로 부산했다.

불국사에 관광 온 사람들은 대웅전이나 다보탑, 석가탑, 그리고 사리탑을 배경으로 사진을 찍거나 그 주변을 건성건성 둘러보며 돌아다녔다. 경관이 아름답고 날씨도 화창한 데다 부처님 오신 날 공휴일이라 종교와는 상관없이 행락객이 모여들었고 축제 분위기에 휩쓸린 사람들의 표정은 모두 환하고 행복해 보였다. 그것은 경주가 지니고 있는 역사적, 문화적인 배경을 이해하고, 단순한 고도가 아니라 역사의 한 실체로 받아들이는 생각 때문이리라.

우리는 선조가 살아온 모습을, 외국인은 통일신라시대의 천년 고찰과 불교 문화의 진면목을 볼 것이다. 경주에 얼마나 많은 시간의 흔적이 남아있는가, 이를 느낄 수 있는 사람들에게만 보인다는 것도 얼마나 절묘한가. 불상이나 석탑이나 사찰의 지붕과 돌계단에 이르기까지 추상과 구상이 공존하고 과거와 현대가 나란히 동조하며, 동적인 것과 정적인 것의 오묘한 조화가 경주라는 신비롭고 편이한 곳에서 영기(靈氣)에 용해되어 숨 쉬고 있었다.

어린 시절을 영국에서 보낸 아이들은 그들이 먼저 접했던 서구 문명의 웅장한 큰 성과 궁전이나 여러 박물관들을 떠올렸을 것이다. 스페인과 이탈리아의 큰 성당과 건축물들과 비교해 보면 작고 소박한 우리 문화재의 가치나 아름다움이 쉽게 눈에 들어오지도 느껴지지 않았을 수도 있다. 그래선지 경주 박물관과 민속 공예촌은 대충 보는 것 같았고 천마총과 첨성대에도 별로 관심이 없어 보였다.

그 시절 우리 조상들이 이만한 왕릉과 사찰 등을 만들었다는 것은 놀랄 만한 큰 역사(役事)다. 찬란함을 뽐내지 않고 은근함과 순박함으로 이어지는 우리 민족의 정신과 기질을 아이들도 언젠가는 가슴속으로 이해하게 되리라.

우리에겐 조상으로부터의 위대한 문화유산을 후손에게 물려 줄 의무가 있다. 이탈리아에 가면 고대 로마의 역사 유적과 문화재들을 누구나 볼 수 있다. 우리도 천년의 신라 문화를 잘 보전하고 관리하여 경주를 문화중심으로 한 우리의 찬란한 불교문화와 전통을 길이길이 자랑하였으면 하는 바람이다. 오늘도 신라의 유적지와 문화재들은 탄생 될 때의 신라인들의 정신과 얼을 그리워하며 미래에 펼쳐질 세상을 그려보고 있을 것이다.

그날 노을이 질 무렵 낯익은 한 여인을 만났다. 금방 이름이 튀어나올 것 같지만 1963년 졸업 후 22년이란 공백은 입술 사이에서 이름이 맴돌기만 할 뿐이었다. 그러다 금방 서로를 확인한 우리는 너무 반가운 나머지 눈시울이 뜨거워지면서 손을 부여잡았다. 친구는 고향인 부산에서 살고 있다고 했다. 유난히 얼굴이 희고 가냘픈 몸매의 친구는 긴 머리를 뒤로 묶는 포니 헤어스타일이 잘 어울렸다. 어느새 40대 중반, 세상살이의 이력이 붙은 원숙해진 모습으로 자녀 둘을 둔 엄마로 변했지만, 우리가 공유했던 젊은 시절의 기억은 변함이 없나 보다. 옆에 서 있던 남편들은 멋쩍은 듯 멀뚱멀뚱 있다가 인사를 나누었다. 우리는 토함산이 바라보이는 숙소 근처 찻집에서 이야기꽃을 피웠다. 아이들은 숙소로 올려보낸 뒤였다.

 1960년대 상영했던 영화 〈로마의 휴일〉에 나온 오드리 헵번의 쇼트커트 머리가 캠퍼스에 광풍처럼 유행했던 그 시절에도 머리모양을 바꾸지 않았던 친구는 여전히 생머리를 뒤로 넘겨 묶고는 정수리 밑에 둥글게 말아 고정시켰다. 단아하고 우아한 모습은 옛날 학생 때 모습 그대로인 것 같은데 세월의 흔적은 온화함과 여유로움을 새겨 놓았다. 경주의 하늘 밑에서 친구와의 우연한 만남은 여행의 백미였다.

 내게는 가깝고도 먼 경주, 지금은 어떻게 변했을까. 그러고 보니 경주를 다녀온 지 34년도 넘는 세월이 흘렀다. 자동차나 기차로 전국 여러 곳을 다녔으면서도 경주는 예외였다. 아껴두었다고도 할 수 있지만, 경주는 마음만 먹으면 언제나 쉽게 달려갈 수 있는 곳처럼 생각하고 지냈다. 그런데 경주행을 취소하고 나서 막상 그 경주를 또다시 가고자 하니 하늘이 막고 몸이 막는다. 못 가게 되어서 더 그런가.

우리 다섯 식구가 찾았던 천년 신라의 보물이 숨 쉬고 있던 곳, 우연히 만난 친구 부부와 차를 마시며 행복했던 경주의 그날이 마음속에 파노라마로 펼쳐진다. 아무래도 일기예보를 확인하고 다시 표를 예매해야겠다.

경주, 갑자기 그날이 그립다.

(2019년)

긴 겨울밤의 꿈

 살포시 내려앉는 눈송이에서도 봄의 기운이 느껴진다.
 지난해 창궐한 신종 코로나19 바이러스의 횡포가 1년 넘게 기승을 부리는 바람에 세계 곳곳이 봉쇄되고 사람들의 일상도 멈춰 버렸다. 그래도 세상은 여전히 빠르게 움직이고 변화 발전하고 있다. 코로나바이러스 백신접종에 이어 치료제 개발도 목전에 두고 있단다. 그럼에도 답답하고 불안한 심정으로 꼼짝않고 집에만 들어박혀 있어서인지 쉬이 잠에 들지 못한다.
 오늘 밤도 눈 속에 피어있는 설중매를 생각하며 잠을 청하려는데 순간 알래스카의 청명한 하늘과 일 년 내내 순백의 눈으로 덮여 눈부시게 빛나는 산봉우리들과 한없이 넓은 녹색의 수해(樹海)를 가르며 시원하게 뻗은 알래스카 하이웨이(알칸하이웨이)가 머릿속에 펼쳐진다. 달리다가 머물렀던 곳들과 스쳤던 사람들 얼굴이 떠오르고 허허벌판에 홀로 서 있던 작은 돌 전문 가겟집도 노부부의 웃음도 생각난다.

　2010년 9월, 여름철 성수기를 피해 우리 부부는 여행 일정표와 지도만 들고 17박 18일의 알래스카 자동차여행을 감행했다. 알래스카 하이웨이는 출발점인 캐나다의 도슨클릭에서 알래스카 델타정션까지의 편도만도 2,232km인 도로이다. 그 도로는 9월 중순부터 기온이 떨어지기 시작하면 생필품 판매를 겸한 작은 주유소와 모텔들은 이듬해 봄까지 문을 닫았다가 다음 해 6월부터 문을 열기 시작해 관광객이 몰려오는 7, 8월에야 성수기를 맞는다.

　이미 관광객이 빠져나간 9월 초의 알래스카는 조용하고 한산했다. 뻥 뚫린 알래스카 하이웨이를 달리다 보면 길가나 숲에서 뛰노는 곰과 산양, 엘크 가족을 만나게 된다. 자기들이 길의 주인인 양 길 위를 서성이거나 우리에게 다가와 강렬한 눈빛을 쏘아대는 거구의 무스나 들소 바이슨을 만나기도 했다. 오고 가는 차도 보기 힘든 비수기라 어쩌다 한 대라도 보게 되면 반갑고 든든했다. 그 황량하고 드넓기만 한 길을 남편과 교대로 차를 몰다가 주유소가 눈에 띄면 무조건 들어가 쉬면서 사람 구경도 하고 차에 기름을 가득 채우곤 했다.

　길 양쪽으로는 쭉쭉 뻗은 자작나무들이 하늘을 찌를 듯 빽빽하게 서 있고 고산지에는 상록침엽수인 가문비나무들이 무성했다. 우리는 파란 하늘 아래로 떠다니는 흰 구름을 친구삼아 달리고 또 달렸다. 그때의 구름은 한없이 포근했던 엄마의 품과 어린 시절의 나를 그리워하게 했다.

 일교차가 커서 조석으론 추우나 낮엔 따뜻했다. 어떤 날은 워낙 먼 거리를 달리다 보니 하루에 싸락눈이 날리는 곳을 지나기도 했고 햇살 속을 달리다가 비를 만난 적도 있다. 햇빛이 쏟아지는 한낮, 여우비가 지나간 후 지평선 멀리 펼쳐지는 쌍무지개의 아름다움은 정신을 뺏길 만큼 황홀했다.

 신비로운 자연현상에 무한한 경외심이 솟아올랐고 새삼 이런 세상에 태어나게 해준 부모님의 은혜와 오늘의 삶이 있게 해준 모든 인연들에 진심으로 감사한 마음이 들었다.

 알래스카 하이웨이 도로 작은 마을에는 아름다운 호수와 여울들이 많고 이곳만의 독특한 명소도 있다. 그중 나를 사로잡은 곳은 옅은 비췻빛을 띤 뮨쵸 호수와 바로 옆의 붉은 통나무집 노던 로키스 롯지였다. 거기서 한국인이 운영하는 중식당에서 특별히 차려준 밥과 김치를 곁들인 점심을 먹으며 바라본 호수 위에 비친 산그림자는 한 장의 아름다운 그림이었다. 호수 옆으로 보이는 돔처럼 생긴 스톤 마운틴의 위용도 장관이었다.

 하이웨이를 달리면서 나는 알래스카의 장엄하고 경이로우면서도 천연 그대로인 신비로움에 압도당하기도 하면서 무아지경에 빠지곤 했다. 감히 범접할 수 없는 대자연의 순수 그 자체에 한

없이 작아진 나는 알게 모르게 범했을 과오를 반성했다. 부모님의 사랑은 당연한 걸로 알고 고마움을 표하지도 살갑게 굴지도 못했다. 학생들에게는 더 열심히 가르치지 못하고 따뜻하게 대해 주지 못한 것 같아 후회되었다. 생활에서 얻어낸 지혜가 부족하고 무심한 성격 탓에 미처 남의 심중을 헤아리지 못하고 지나쳤을 수도 있었을 나에 대한 성찰과 삶의 의미를 되새겨 보게 한 특별한 여정이었다.

우리는 여행의 반환점인 앵커리지를 지나 원유 선적항이자 휴양지인 발데스로 갔다. 거기서 배를 타고 나가 빙하를 보고 되돌아오는 도중 길가에서 떨어진 한적한 곳에 홀로 서 있는 빨간 페인트로 'STONE STORE'라고 쓴 작은 돌 가게로 들어갔다. 출입문에서부터 바닥까지 돌로만 진열된 가게에 손님이라곤 우리뿐이었다. 크기도 생김새도 색깔도 제각각인 그 돌들은 찾아와 주어 고맙다며 우릴 보고 웃고 있는 것 같았다.

가겟집 할아버지는 돌로 된 팔찌를 만지작거리며 우리를 반기셨고 거동이 불편해 보이는 할머니는 꾸부정한 자세로 앉아계셨다. 나는 신기하게 생긴 돌들을 이것저것 보다가 문기둥에 걸려 있는 나뭇가지 모양의 산호 펜던트를 골랐다. 할아버지는 "암이 재발하여 병원에 입원할 예정이고 할머니는 만성질환이 있어 요양병원으로 갈 것"이라 곧 여길 떠나기로 했단다. 할아버지는 "내 마지막 손님이 될 테니 선물로 주고 싶지만 그래도 20불은 내라."고 했다. 고맙기도 하고 안됐기도 해 엉거주춤 문을 막 나서려는데 "이 가게와 오두막집을 맡아 줄 사람을 몇 년째 찾았으나 나타나지 않아 어쩔 수 없이 폐쇄할 것."이라며 말끝을 흐리셨다. 이어서 "이 돌들은 알래스카의 신과 해변에서 찾아내 손수 깎아 만들어낸 자식같은 보석인데… 내 자식도 싫다고 한다."라고 하면서 돌들을 찬찬히 둘러보셨다. 허허벌판에 손님은커녕 사람 구경도 하기 힘든 이 외진 곳에서 생면부지인 우리를 보자 무척 좋으셨나 보다. 괜히 가슴이 짠해지고 먹먹해졌다.

착잡한 심정으로 묵묵히 그곳을 나와 100km쯤 달렸을까, 갑자기 가방을 가게 의자 위에 놓고 온 생각이 났다. 그 안에 신용카드와 약간의 외화가 들어있는데, 얼떨결에 산 목걸이만 달랑 들고 차에 올라버렸다. 허허벌판 한가운데에서 어쩔 줄 몰라 하며 쩔쩔매고 있는데 남편이 아무 소리 않고 조용히 차를 되돌렸다.

왕복 거리를 더 달리게 되는 바람에 그날 예정했던 지점까지는 못 가고 일정에도 차질을 빚게 되었으니 민망하기 짝이 없었다. 이미 노을이 지기 시작해 산자락 아랫녘엔 어둠이 찾아들고 있었다.

급하게 달려가 돌가게 앞에 차를 세우자 할아버지가 놓고 간 내 가방을 팔에 걸고 오솔길을 뛰어나오시는 게 아닌가. 할아버지는 "오 마이 레이디."라고 연거푸 부르며 내 손을 붙잡고 좋아하셨다. 그 큰 회색 눈을 살짝 흘리시며 날 나무라는 표정을 지으셨고 할머니는 엉거주춤 일어나서 손을 흔드셨다. 경찰에 연락해 우릴 찾으려 했다며 오히려 안도하시는 몸짓으로 "웰던, 웰던" 하시던 할아버지는 우리 차가 사라질 때까지 손을 흔드셨다. 저렇게 정이 많으시고 인자하신 분이 인적이 끊긴 곳에 사시면서 얼마나 외로우셨을까. 고마움과 정겨움에 코끝이 찡해졌다.

돌을 사랑해 평생을 돌과 함께했다는 알래스카의 돌 가겟집 그 노부부는 지금 어디서 코로나 위기를 견뎌내고 있을까. 알래스카 하이웨이 주변을 서성이던 야생동물들은 눈 더미 속에 몸을 웅크린 채 이 혹독한 추위를 어떻게 버텨내고 있을까. 오두막집 가게의 돌들은 누가 보살피고 있을까. 잠결인 듯 꿈결인 듯 소곤대며 웃고 있을 돌들이 어른거린다.

10년전 여름의 끝자락, 잠시 머물렀던 알래스카의 장엄한 경관과 순수 그 자체의 존재가치에 감탄하면서 긴 겨울밤 꿈속에서 알래스카 하이웨이를 달린다.

(2020년)

알래스카 하이웨이의 천사들

알래스카는 광활하고도 엄청 냉엄한 땅이다. 미합중국 50개 주 중 가장 면적이 넓고 인공의 손길이 닿지 않은 자연을 품고 있어 여름 한철엔 세계 각지에서 몰려든 관광객들로 넘쳐난다.

남편 칠순 기념으로 우리 내외는 미국에 살 때 못 가본 알래스카로 자동차 여행을 감행했다. 알래스카 하이웨이(알칸 하이웨이)를 달리다 급유차 들른 원노원이라는 마을에서 만난 부루베리 모텔 겸 카페 주인은 한눈에 봐도 알 수 있는 한국인이었다. 그는 20대 중반에 캐나다로 이민 와 이런저런 일을 하다가 거주민은 적지만 세금혜택이 있는 이곳 외진 곳에 자리를 잡았단다. 단체 관광객은 종종 있으나 개인 여행자들은 드물다며 우리에게 음료까지 내놓았다.

마침 카페 안은 한산했다. 말을 나누다 보니 그는 우리 집 바로 맞은편에 살았었고 중·고등학교도 우리 아들들과 같은 학교를 다녔다며 놀라워했다. 심지어 우리 아파트 단지 안 문방구까지 드나들었다니 보통 인연이 아니다 싶었다. 그러면서 우리에게 넓고 먼 길인 유콘테리토리를 횡단하여 미국령에 도착할 때까지의 주의사항과 자동차 급유 방법까지 상세히 알려주며 샤논 모텔에서 일박하라고 했다.

저녁 늦게 희미한 간판을 보고 그 모텔에 들어가니 프런트에 앉아있던 늙수그레한 한국인이 마당과 면해있는 방으로 우릴 안내했다. 적막하고 쓸쓸한 밤하늘에서 총총히 빛나는 별들이 머리 위로 쏟아지는 듯했다. 순간 한여름 밤 언니와 함께 평상에 앉아 별을 헤며 노래하던 어렸을 적의 고향 마당이 그리워졌다.

다음 날 아침 컵라면에 끓인 물을 붓고 전자레인지에 데운 햇반과 마른반찬을 꺼내 아침 요기를 한 후였다. 문밖에서 조심스러운 인기척이 나서 나가보니 어떤 중년의 남자가 쟁반을 들고 서 있었다. 뜨끈한 국에다 흰쌀밥, 짠지무침과 멸치젓갈이 올려 있었다. 아침 식사를 했다니까 "국물만 드시고 밥과 반찬은 들고 가세요."라고 했다. 정성스레 챙겨 준 그 밥과 반찬은 빵과 고기 위주의 느끼한 입맛을 달래준 훌륭한 별미가 되었다.

알래스카의 명승지 몇 군데를 관광하고 되돌아오면서 반찬 그

알래스카 하이웨이의 천사들 131

릇을 되돌려 줘야겠다는 생각에 샤논 모텔로 다시 갔다. 프런트에 앉아있던 그 남자와는 며칠만의 재회인데도 오랜 친구처럼 반가웠다. 빈 반찬통을 내밀면서 아주 잘 먹었다며 고마움을 표했다.

아침 일찍 방을 나서려는데 누가 방문을 두드렸다. 그가 또 밥상을 들고 서 있었다. 만둣국에서 김이 모락모락 나고 있었다. 미안하고 고마워 어쩔 줄 몰라 하자 우리에게 그는 "집사람이 밤새 만두를 빚었어요. 드신 후엔 그냥 문 앞에 놔두세요."라고 한 후 멋쩍게 웃으며 나갔다. 서울에서도 요즘은 손수 만두를 빚어먹지 않는 추세인데 알래스카 하이웨이 옆 외진 모텔에서 손으로 빚은 만둣국을 먹게 되다니 그 정성과 갸륵함에 감동했다. 그렇게 맛있는 만둣국은 처음이었다.

떠날 채비를 하고 나섰더니 그가 다가와 아내라면서 인사를 시켰다. 그들은 몇 년째 이 모텔에서 일을 하고 있다면서 지난번 우리가 모텔에 들렀던 밤, 한국에서 노부부가 왔다고 말했더니 아침에 처가 일어나 밥상을 차리면서 꿈에 어떤 나이 든 여자를 봤다더니 어젯밤 노부부가 다시 왔다는 얘기를 듣자 만두소를 만들고 만두피를 밀었다면서 자기 처를 바라봤다. 비스듬히 서서 땅을 내려다보고 있는 그녀에게 "지난번에 해주신 밥과 반찬도 맛있게 먹었는데 오늘 또 만둣국까지 끓여주셔서 고맙습니다."라며 인사를 했다. 혹시 내가 가르쳤던 학생이었나 싶어 지난날 봉직했던 학교명을 댔더니 고개를 돌리면서 서울엔 살아 본적도 없었다는 말끝엔 미련과 아쉬움이 묻어났다. 여기까지 와서 살게 되기까지 그녀의 삶에도 거친 세파의 회오리가 휩쓸고 간 사연이 있지 싶었다. 요즘 서울에선 보기 어려운 순박하고 인심 좋은 여인과 순정남을 외국 땅 외진 길가의 한 구석에서 보게 되니 옛날 우리 민족의 모습이 그려져 마음이 푸근해졌다.

여행의 반환점인 발데즈에서 방문자센터에 들러 소개 받아 찾아간 식당 주인도 한국인이었다. 우릴 진심으로 환대해 주었다. 생면부지인 우리를 친부모라도 된 듯 맛있는 요리에 간식까지 챙겨줬다.

발데즈에서 톡으로 달리는 중이었다. 갑자기 달리던 차의 타이어가 파열돼 우린 갓길에 멈췄다. 날은 저물어가고 비는 부슬부슬 내리는데 휴가철이 끝나가는 하이웨이엔 오가는 차도 드물었다. 어쩌다 차가 보여 도움을 요청하려고 손을 흔들어도 야속하게 그냥 지나갔다. 비상전화도 불통되는 지역 길거리에서 밤을 지새야 하나 걱정하고 있는데 마침 캠프카가 멈춰서더니 두 사람이 내렸다.

장모님 병간호를 위해 처가에 간다는 남자 분은 우리 차를 점검하더니 자기 차에서 공구통을 들고 와 차를 올리고 길바닥에 누워 스페어 타이어로 교체해 주었다.

부인은 우리 차의 매뉴얼을 찾아내 타이어 교체 요령을 일일이 읽어주며 남편을 도왔다. 40여 분이나 걸렸다. 헤어지면서 감사의 뜻으로 돌 전문상점에서 산 산호목걸이를 건넸더니 그 부인은 "어려움에 처한 사람을 돕는 것은 우리의 기본 의무입니다."라면서 사양하는 걸 고마운 우리의 마음이라며 간절하게 권하면서 그녀 손에 쥐어주었다. 우리가 먼저 출발하는 걸 보고 손을 흔들어 주며 자기 차로 갔다.

그 외에도 많은 이의 도움이 있었다. 외국에 나가면 애국자가 된다더니 한국인이라는 이유만으로도 동질감이 느껴져 반가움에 격의 없이 다가가 품어주게 된다. 워낙 외지고 넓은 곳에서 외롭게 살다 늙은 우릴 보니 자기들 부모 생각에 더 애틋하게 보살펴준 것 같다.

귀국 후 우리는 알래스카 하이웨이에서 만났던 사람들이 혹한 속에서도 건강하길 기원하며 감사의 마음을 담은 편지와 후드 달린 겨울 파카를 보냈다. 그들에게서 받은 따뜻한 정을 오래토록 간직하고 싶었다.

그들은 알래스카 하이웨이의 천사들이었다.

(2024년)

3.
인연의 꽃들

그해 여름은 행복했네

소중한 인연

중매쟁이가 된 교수님

주례를 부탁합니다

운명이 바꾼 사랑

라인댄스 포에버

인연의 꽃들

동행

모처럼 함께한 우리

그해 여름은 행복했네

 매미의 울음소리가 처절할 만큼 유난히 요란하다. 한낮 뙤약볕 아래서도 짝을 찾아야만 하는 몸부림의 울부짖음이리라.
 찜통더위를 못 이겨 에어컨을 틀었더니 온몸이 으슬으슬하고 뼈마디가 쑤시더니 기침까지 나온다. 직접 바람을 피해 자리를 옮겨 TV 채널을 여기저기 돌려 보다가 신문을 뒤적거리는데 거실 벽면의 가족사진이 눈을 사로잡는다.
 우리 부부 양쪽으로 손주들이 앉아있고 뒤로는 아들과 며느리들, 그리고 딸과 사위가 나란히 서서 찍은 사진이다. 10년 전 결혼 50주년을 기념해 삼 남매 부부와 손주 여섯이 함께 찍은 가족사진을 보면서 문득 37년 전의 즐거웠던 미국 서부 여행 때가 생각난다.
 1986년 초 남편이 뉴욕 지점으로 발령을 받았다. 세계 패션의 중심지인 뉴욕이라니! 기쁜 마음 한편으로 가르치고 있는 학생들과 학교에 미안한 마음이 들었다.

남편과 고2 재학 중인 둘째는 출국하고 대학생인 큰아들은 서울에 남기로 했다. 나는 1학기를 마치고 학교 측의 배려와 협조로 2년간의 휴직원을 제출한 후 여름 방학때 초등생 딸과 함께 뉴욕으로 갔다.

우리는 부촌으로 알려진 뉴욕 스카스데일(Scarsdale)에 있는 은행 관사에서 살았다. 한국 총영사 관저 근처였다. 다행히 애들 학교가 집에서 길만 건너 가까이 붙어 있었다. 아침마다 초등학생인 딸을 데려다주고 방과 후엔 고등학생인 둘째가 데리고 와선 숙제를 도와주곤 했다.

얼마나 큰 행운인가. 물결치는 패션의 변화와 소비자 반응의 변수가 가장 역동적인 뉴욕에서 패션의 감각과 유행 경향을 직접 체험해 볼 수 있는 절호의 찬스를 얻게 된 것이다. 뉴욕 패션시장은 소비자의 욕구와 감각을 자극하고 부가가치가 높은 의류제품을 생산하여 수요를 창출하는 패션산업의 중심지이다. 나는 여러 인종이 모여있는 다문화사회에서 무엇이든 느껴보며 배우고 싶어 맨해튼까지 기차를 타고 학교에 다녔다.

가끔 미국에서 살고있는 친구 시미를 만나 뉴욕 센트럴파크를 걷기도 했다. 바로 옆에 있는 메트로폴리탄 미술관에 들어가 그림과 의상 전시를 보곤 했다.

운좋게도 나는 그 당시 뉴욕대학교에서 패션머천다이징과 소비자행동을 강의하던 Patricia M. Mulready 교수와 공동연구를 하게 되었다. 우리는 맨해튼 중심가인 5번가의 고급 백화점들과 고가의 의류전문점과 그리고 7번가와 9번가의 의류 소매상가와 액세서리점을 누볐다. 주로 신상품의 디자인 기획과 분석, 제품의 유통과 홍보 및 디스플레이 등 판매촉진에 대한 공동프로젝트를 진행하기 위해서였다. 그러면서 FIT(뉴욕주립패션공과대학) 연구반에 등록해 입체재단과 창작의상디자인을 수강했다. 작품을 제작할 때나 품평회를 할 때마다 훗날 내 학생들에게 가르칠 입체재단 기법과 지도 방법을 모색하곤 했다.

1988년 5월 미네소타 주립대학에서 개최했던 16차 세계가정학회 학술대회에서 나는 「한국 성인 여성의 가치관과 의복 행동과의 상관관계」를 발표했고 한국에서 참석한 학자들과 함께 미네소타대학에 재직 중인 교수 집에 초대받기도 했다.

이렇게 바쁜 일상을 보내던 1988년 8월, 여름방학을 맞아 서울에 있던 큰아들이 뉴욕으로 왔다. 모처럼 함께한 우리는 뿌듯한 마음으로 미리 짜놓은 스케줄에 따라 미국 서부 여행길에 나섰다. 다섯 식구가 비행기로 콜로라도 덴버(Denver)로 향할 때는 세상을 다 얻는 듯한 기분이었다. 덴버는 서부 스타일의 옷 가게를 비롯해 소박한 상품들을 파는 가게가 많고 음악 공연장과 미술관도 있는 꽤 큰 도시다. 거기서 렌트한 차로 로키산맥을 넘었다.

잭슨홀을 거쳐 장엄한 그랜드티톤 국립공원과 영화 〈쉐인〉에 나오는 광활한 벌판을 지나 옐로스톤으로 향해 달렸다. 다섯 식구가 함께한다는 그 자체만으로도 뿌듯하고 행복했다. 넓은 땅, 울창한 숲과 호수를 보며 달리면서 시시각각으로 변하는 주변 경관에 감탄을 넘어 그 광활함에 압도당하곤 했다.

드디어 옐로스톤에 도착했다. 옐로스톤은 황 성분이 포함된 물에 의해 바위가 누렇게 된 까닭에 붙여진 이름이다. 예약해둔 목조 건물인 '올드 페이스풀 인'에 여장을 풀고 그 호텔과 같은 이름인 유명한 간헐천(間歇泉)과 공원 일대를 돌아보면서 그 지역의 특성을 나타낸 기념품 등을 샀다. 저녁 식사 후에는 호텔 메인홀에서 카우보이 차림으로 등장한 가수의 컨트리 송 공연도 관람했다.

이어서 사우스다코타주 힐시티에서 하루를 묵고 근처의 러시모어국립메모리얼로 갔다. 러시모어산의 단단한 화강암에 18미터 크기로 새겨진 네 명의 위대한 대통령 얼굴을 바라보았다. 그 큰 규모와 산 정상에다 조각한다는 착상을 하고 그걸 감행한 미국 사람들의 창의적인 사고력과 통 큰 모험정신에 경외감이 저절로 솟아 나왔다. 그런데 조각상들이 높이 있고 멀리 있어서인지 사진에서 보는 것보다 작아 보여 아쉬웠다.

남쪽으로 달리던 중 콜로라도강에 인접해 있는 유타주의 아치스국립공원에 들렀다. 그 일대는 적갈색의 바위산으로 자연이 만들어낸 갖가지 오묘한 조각품과 데리케이트 아치를 비롯해 2,000개가 넘는 사암 아치들로 유명하다. 마침 해 질 무렵의 황금빛 석양은 우리 자동차와 식구들 얼굴까지도 온통 붉은색을 띤 황금색으로 물들였다. 순간 그 강렬한 색깔이 내뿜는 야릇하고 신비한 힘에 눌려 우리도 바위로 굳어 버릴 것 같은 두려움에 도망치듯 빠져나왔다.

오랜 운전으로 피곤해 보이는 아빠를 대신해 두 아들이 번갈아 가며 운전대를 잡았다. 우리는 물의 힘으로 만들어진 수만 개의 섬세한 첨탑을 가진 브라이스캐니언과 자이언 두 국립공원을 거처, 네 개의 주(유타, 콜로라도, 뉴멕시코, 그리고 애리조나)가 한 지점에서 만나는 포 코너 모뉴멘트(Four Corners Monument)를 지나 그랜드캐니언으로 갔다.

대망의 그랜드캐니언은 애리조나주 북서부 고원지대가 콜로라도강에 침식되어 생긴 협곡이다. 숨이 멎을 만큼 아름답고 장엄한 그랜드캐니언은 대자연에 대한 경이로움과 신비로움을 불러일으켰다. 가파른 절벽의 빼어난 장관을 연출하는 협곡의 아름다움은 제각각의 색과 질감을 지닌 바위 켜켜이로 햇빛이 숨어 들면서 빚어내는 절묘한 조화로 계곡 본연의 순수하면서도 범접할 수 없는 엄숙함과 어우러지면서 형성되는 신기한 기운이다.

협곡에 나타나 있는 수평 단층들은 20억 년에 걸친 지각 활동의 역사라고 한다. 그랜드캐니언은 계절과 날씨와 시간에 따라 바위의 색깔이 달리 보이고 바위 틈새의 습온도에 따라서도 다른 모습으로 보인다. 그 변화무쌍한 아름다움에 매료되어 사람들의 발길이 연중 끊이지 않는 유네스코 세계유산이기도 하다. 콜로라도강을 사이에 두고 나뉜 남쪽 공원에선 원주민들이 만들어 파는 민속토산품들이 즐비했다. 그랜드캐니언의 경관과 역사와 원주민들의 정신문화가 녹아있는 작품들에 사람들은 환호했다.

사람들이 많이 찾는다는 세도나는 붉은 사암으로 형성된 독특한 아름다움을 지닌 꽃으로 청명한 하늘과 기(氣)치료로도 유명한 휴양지이다. 원주민들이 살던 곳으로 명상이나 영적 체험을 하러 찾아오는 관광객들로 붐비는 곳이기도 하다. 우리는 산 위의 성 십자가 예배당을 찾아가 아름답고 성스러운 곳으로 인도해 준 하느님께 감사의 기도를 올렸다. 미국 서부 관광지의 아름다운 자연을 음미하면서 자유로운 영혼으로 재충전의 시간을 즐기는 사람들의 얼굴은 행복해 보였다.

8일 만에 불사조라고 불리는 피닉스에 도착했다. 자연 풍광에만 눈이 팔려 달리기만 하다가 차와 사람들과 건물들이 즐비한 문명 세계로 들어오니 익숙한 생활권에서 오는 친근감에 마음이

편해졌다. 상공업과 농작물의 중심인 피닉스 사람들은 도심의 번잡스러움과 바쁘게 움직이는 차량들의 소음 속에서도 현실에 만족하면서 이 지역의 특성에 적응하며 평화롭게 살아가는 것 같다. 건조한 더위에 차 손잡이까지 뜨거웠다.

우리는 미리 약속했던 내 고교 친구 순이네 집에 도착했다. 두 집 가족이 만나 인사를 나누고 저녁식사를 한 후 순이와 나는 22년 동안 밀렸던 얘기를 하며 회포를 풀었다. 순이는 울다 웃다 하면서 여기까지 와서 살게 된 이야기를 했다. 다음 날 서부여행 일정을 마치고 뉴욕으로 돌아왔다.

37년 전 뜨거웠던 여름, 삼 남매를 뒷좌석에 앉히고 다섯 식구가 미국 서부지역을 둘러보던 그때가 내 생애 최고의 가족여행이었다. 지금 노쇠해진 팔순 중반의 나는 사진 속 손주들 나이였을 때의 내 삼 남매를 생각하면서 그해 여름의 행복했던 추억을 되뇌며 더위를 이겨낸다.

마지막 힘을 다해 토해내는 매미의 울음소리가 너무나 간절하고 애처롭게 들려선지 새삼 매미가 안쓰러워지는 내 마음도 덩달아 짠해진다.

(2023년)

소중한 인연

화창한 봄날이다. 대모산 아래 병원 앞은 퇴원하는 박근혜 전 대통령의 축하객들로 넘쳤다.

단정한 올림머리에 옅은 감색 코트를 입고 마스크를 쓴 박 전 대통령이 TV 속에서 환하게 웃고 있다. 그동안 건강 문제로 걱정을 끼쳐 죄송하다며 공손히 인사하는 모습은 모친인 고 육영수 여사의 옛 모습과 닮았다.

1969년 숭의여고 교사시절 1학기가 끝나갈 무렵의 어느 날이었다. 점심시간 후의 수업이라 좀 느슨해져 있을 때였다. 복도에서 교감 선생님이 나를 불러내 빨리 전화를 받아보라고 하셨다. 휴대폰은 상상도 못 했던 아득히 먼 옛날얘기다. 허둥지둥 층계를 내려가 교무실의 수화기를 들자 "육 여사님께서 전화 연결을 기다리시다가 급한 용무로 나가셨습니다." 하는 낭랑한 목소리가 들려왔다. 그리고는 "이 선생이 보낸 서신에 고맙다는 뜻을 전해

달라셨다."고 하면서 몇 마디 인사를 주고받았다. 얼떨결에 무슨 말을 나눴는지도 모른 채 나는 다시 교실로 올라가며 두어 달 전쯤의 일을 생각했었다.

한국전쟁 후의 혼돈과 역경 속에서 재건의 망치 소리가 전국을 울리던 때였다. 국민들은 근면, 저축, 자주의 새마을 운동에 일심동체로 움직였고, 절약이 미덕인 시대였다. 그 일환으로 열렸던 <의류품 재활용 작품전시회>에 나도 출품했었다. 현대화된 고층 건축과 전시 공간들도 태부족이었다. 출품자들은 낡거나 못 입게 된 옷과 생활소품들 속에 숨어있는 특별한 디자인을 발굴해 재해석한 창작 의상과 수공예품들을 전시했다.

우연히도 내가 전시 담당 책임자로 근무하던 어느 날 오후였다. 전시장 입구 쪽이 술렁이더니 주최 측 회장과 관계기관장이 육영수 여사님을 모시고 들어왔다. 작품들을 둘러보시던 육 여사가 내 수상 작품을 보며 재밌어하시는 것을 본 여성저축생활중앙회 회장이 나를 보고 육 여사님께 다른 작품들의 설명까지 부탁했다. 전속 사진사가 흐뭇해하시는 육 여사와 우리들 모습을 촬영했다. 올림머리에 미황색 치마저고리를 입은 여사님은 자애로운 눈길과 온화한 음성으로 주변 사람들과 친근하게 인사를 나누셨다. 뒤따르던 수행원 중 하나가 내 연락처를 묻기에 학교 전화번호를 알려주었다.

며칠 후 교장실에서 불러 갔더니 청와대에서 온 것이라며 소포 하나를 내밀었다. 뜯어보니 내 앞으로『우리 말 큰 사전』과 친필 서명한 타자 편지가 들어 있었다. 나는 그 사전을 학교 도서관에 기증했다. 예기치도 못했던 큰 선물에 감동한 내가 올린 감사 편지를 받으신 육 여사가 친히 교무실로 전화를 주시어 교감 선생님은 놀라셨고 나도 당황했던 게다. 다음해 연초부터 1974년 8월 15일 서거하실 때까지 청와대 화보와 육 여사의 친필 연하장을 보내주셨다.

1970년 5월 어느 날 교감선생님은 갑자기 수업시간까지 빼주면서 학교 대표로 한 대학교 행사에 참석하라고 하셨다. 공교롭게도 내 모교였다. 문리과 대학 가정학과가 가정대학으로 승격하는 기념식에 오신 내외 귀빈 중엔 육 여사님도 계셨다. 서양복 일색인 대강당에서 축사하시는 육 여사님의 단아한 전통 치마저고리와 올림머리 스타일은 고귀함과 숭고함 그 자체였다. 영부인이셨던 육 여사님의 올림머리에 한복 패션은 그 시대의 국내외 대중들에겐 자부심과 정체성과 일관성, 그리고 부드러운 리더십의 상징이었다.

모교의 행사라서 혹시나 해서 준비해 간 꽃다발을 들고 무대 밑에서 서성이고 있는데 가정대학장이 "너 마침 그 꽃 참 잘 들고 왔다."시며 여사님께 드리라고 하셨다. 꽃다발을 받으시며 반색하시는 여사님을 본 학장이 나보고 여사님을 리셉션장으로 모시라고 하셨다. 전혀 예상치도 못했는데 이렇게 또 만나 뵙게 되다니 여사님과 나는 어떤 인연인가 하는 생각에 기분이 묘해졌다.

새로 단장한 생활실습관 정원에 군데군데 다과상이 차려져 있었다. 새로 들어선 생활실습관 정원이었다. 같이 앉았던 총장과 학장이 자리를 뜨자 여사님과 단둘이 마주하게 된 나는 당혹스러웠고 교수님과 귀빈들의 시선에도 신경이 쓰였다. 삼삼오오 어울리면서도 참석자들은 어려워서인지 여사님 곁으로는 다가오질 않았다.

여사님이 어색해하는 나를 부드럽게 바라보면서 집안일은 누가 도와주는지, 아이들은 누가 돌봐주는지 등 근황을 물으시는 모습은 정겹고 푸근했다. 여사님은 "교육이 국가의 미래다."라고 하시면서 교사가 주체적이고 창의적인 교육을 통해 인재를 양성하는 것도 애국하는 길이라고 말씀하셨다. 파라솔 위로 비스듬히 기운 햇살이 여사님의 연옥색 항라 치마폭에 차분히 머물고 있었다.

오늘 박근혜 전 대통령의 모습을 보니, 50년도 훨씬 전 서른즈음의 나와 육영수 여사님과의 우연한 만남으로 비롯됐던 소중한 인연이 그리움으로 다가온다. 그동안 가슴 깊숙이 묻혀있던 추억의 편린에 새겨진 사연들을 되뇌어보면서 젊은 날의 내 모습을 그려본다. 까닭 없이 공허한 내 가슴 안으로 한 가닥 봄기운이 스며든다.

(2022년)

중매쟁이가 된 교수님

제자 숙이의 전통 동양자수전시회에 다녀오는 길이다. 오늘 본 일상 속 동양자수 작품들과 자수공예품들엔 우리 옛 여인들 삶의 이야기와 기도와 예술혼이 녹아있었다.

차가 반포대교를 달리고 있다. 한창때 나는 학생들이 기다리는 곳을 향해 설렘과 희망을 안고 이 다리를 건넜고 석양에 찰랑이는 금빛 물결을 보며 집으로 가면서 행복해했다.

그런데 느닷없이 대학 때 동양자수를 가르치셨던 은사님이 생각났다. 온유하고 음전했던 그 교수님은 나를 유난히 예뻐하고 챙겨주시던 분이셨다.

교수님은 내가 졸업을 한 후에도 나를 딸처럼 대해 주셨다. 내가 남자친구와 혼인이 성사되도록 양가 부모 사이에 다리를 놓아 주시기도 했다.

1963년 대학을 졸업하자 교생실습을 나왔던 인천 박문여고에 교사가 돼 맞는 첫여름 방학이었다. 서툴고 미숙했던 새내기 교사는 60명이 넘는 여학생들이 보내는 기대감과 호기심에 긴장과 설렘으로 허둥대다가 방학을 맞았다. 모처럼 느슨하게 충전의 시간을 보내고 있을 때 교수님의 편지를 받았다. 의아한 마음으로 댁으로 찾아가니 교수님과 사부님께서 반갑게 맞아주셨다.

안부 인사가 끝나자 교수님은 "너도 이제 결혼할 나이가 되었는데 만나고 있는 사람이 있니."라고 물으셨다. 그리곤 웃으시면서 "괜찮은 사람이 사랑채에 와 있으니 한번 만나볼 의향이 있느냐."고도 하셨다. 예상치 못한 상황에 당황스럽고 면구스러웠으나 나는 교제 중인 사람이 있다며 계면쩍게 말씀드렸다. 그러자 교수님은 "지금 한 말은 없었던 걸로 하자. 그러니 만나볼 필요도 없겠다."면서 내가 사귀는 사람을 보게 해 달라고 하셨다.

같이 통학하면서 만난 인(印)은 그때 학보병으로 군 복무를 마친 복학생이었다. 마침 졸업 전에 취직이 된 그를 데리고 교수님 댁으로 인사를 갔다. 과분한 대접을 받고 현관으로 나오는데 교수님이 "맘에 든다. 너와 잘 어울리는 것 같다."라고 귀엣말을 하셨다.

그가 졸업하던 그해 겨울은 유난히 추웠다. 교수님 내외분은 그의 부모님을 먼발치에서라도 보고 싶다시며 야외 졸업식에까지 오셨다. 짙은 자주색 양단 두루마기에 하얀 목도리를 한 교수님과 검정 코트에 중절모를 쓴 사부님과 함께 나는 운동장 가장자리 고목 밑에 서 있었다. 꽁꽁 언 발가락을 뾰족구두 안에서 꼼지락거리면서 두 분께 죄송한 마음에 안절부절못했다.

드디어 식이 끝나 학사모를 쓴 인이 우리에게로 와 인사를 드렸다. 우리는 그가 식구들과 기념사진을 찍는 광경을 바라보았다. 오 남매의 맏이인 그의 부모님은 교수님 내외보다도 훨씬 젊어 보이셨다. 그의 부모님 인상이라도 보고 싶으셨던 교수님의 진심에 고마움과 함께 존경심이 우러났다.

정신없이 학교 일에 휘둘리다 보니 또다시 여름 방학이 되었다. 어느 날 교수님은 초등학교 6학년인 늦둥이 외동아들이 졸라 인천 바다 구경을 오셨다며 전화를 주셨다. 당황한 나머지 직장에서 근무중인 아버지께 전화를 드리고 약속 장소로 갔다. 점심때 맞춰 오신 아버지는 중화식당인 공화춘으로 모시고 가 식사 대접을 한 후 헤어질 때 굴비랑 건어물 보따리를 선생님 차편에 실어드렸다. 세상 물정 모르던 나는 저런 걸 선물로 드리는가 싶어 괜히 부끄럽고 창피스러워했다.

얼마 후 교수님이 또 나를 부르셨다. 사부님께서 그의 아버지께 쓰신 편지를 보여주려고 나를 오라셨단다. 사부님은 "둘이 사귄 지 5년이나 되었으니 결혼을 서둘러야 할 것 같아 우리가 나서서 다리를 놓을까 한다. 점잖은 집 총각과 양갓집 규수가 부모님께 직접 결혼 얘기를 꺼내는 것보다는 내가 양가에 다리를 놓아 혼담이 오가는 게 위신이 설 것 같아 둘을 소개하는 역할을 하기로 했다."시며 쓴 편지를 보여주셨다.

대충 읽어보니 사부님은 국회의원 재임 시 공무로 지방 순방 중에 인의 아버님과 인사를 나눴던 사이였고, 알고 보니 동경 유학 시 중앙대 법대 선후배 간 인연이라 관심을 갖다 보니 댁의 아드님 얘기도 듣게 되었다고 쓰셨다. 마침 대학교수인 내자가 아끼는 참한 제자가 있어 둘을 맺어주고 싶다는 뜻을 그의 아버지께 보내는 편지였다. 두 분은 내 허락을 받고 편지를 보내는 게 순서일 것 같아 나는 불렀다고 하셨다.

한편 우리 아버지께도 신랑감의 인품과 그 댁의 가풍, 가정 사정 등을 적어 혼담을 넣으셨다. 그토록 두 분께서는 우리 결혼을 성사시키느라 신중을 기하여 도와주셨다..

어머니가 뇌졸중으로 쓰러지셨다가 큰 고비를 넘기신 지 1년이 지난 때였다. 병세가 호전되기를 기다리겠다는 나보다 아버지와 두 분이 내린 결단으로 상견례를 하고 약혼식을 올렸다. 어머니는 정신이 맑아질 땐 "집안일도 안 해보고 자란 네가 맏며느리라는 무거운 짐을 어찌 감당하려는지 걱정이다."라며 애를 끓이셨다. 그 당시의 결혼관은 당사자끼리의 결합이라기보다 집안과 집안의 결합이라는 전통적 가치관이 컸던 시대였다. 세상이 바뀐 요즘 젊은이들은 격세지감을 느낄 테지만 중매인이 없는 혼인은 세인의 빈축을 받는 행위라는 인식이 팽배하던 시절이었다.

　결혼식 날 가족사진을 찍을 때 아버지 혼자서 앉아계신 걸 보신 교수님은 선뜻 친정엄마 자리에 와 앉아 주셨다. 평소 예법과 체면을 중시하시던 교수님이신데도 시댁 친척들과 하객들에게 설혹 친정엄마 자리가 비는게 흠이 될까, 염려돼 용단을 내리셨던 것 같다. 더구나 빨리 가서 앉으라고 하셨다던 사부님의 통 큰 이해심에 감복할 따름이다.

　중풍으로 몇 년 고생하시다 떠나신 어머니를 대신해 교수님은 시댁 대소사나 아이들 생일을 잊지 않고 축하해 주셨다. 엄마 같은 교수님, 내 평생의 은인이신 교수님은 정년퇴임을 몇 달 앞두고 돌아가셨다. 받을 줄만 알았지 베풀기는커녕 갚을 줄도 모른 채 살아온 나 자신이 이제와서야 부끄러워진다.

　제자의 자수전시회를 다녀오면서 수십 년간 건너다니던 반포대교 위에서 전통 자수의 대가이신 김학기 교수님을 떠올리며 그 인연에 숙연해진다. 사랑으로 가르쳐주시고 중매쟁이를 자처하셨던 교수님 내외분 덕분에 나는 인생의 희로애락을 다채롭게 수놓으며 여기까지 왔다.

　그리움과 고마움과 존경심을 마음에 담아 한강 수면에 그려보는 교수님의 인자하신 얼굴에 함박웃음이 피어난다.

(2022년)

주례를 부탁합니다

언니의 맏손자 결혼식이다.

식장 카펫 위를 걸어 들어가는 신부의 뒷모습에서는 애틋함과 신비한 모성애의 염력이 풍겨난다. 양가 인척과 친지들이 어색하게 어울려 있는 예식장 특유의 분위기 속에서 눈부시게 빛나는 웨딩드레스에 면사포를 늘어뜨린 아름다운 신부가 턱시도 차림의 신랑 옆에 나란히 섰다.

주례는 신랑 신부에게 맞절을 시키고 혼인 서약에 이어 성혼 선언을 했다. 이로써 둘은 부부로 제2의 탄생을 하게 되었다. 누구의 남편과 아내가 되어 완전하게 하나로 완성되는 사랑의 화음으로 서로를 성숙시키고 상대방의 모자람은 채워가는 멀고 먼 항해의 시작이었다. 햇빛에 찰랑대는 평화로운 물결이 때론 거센 비바람에 출렁댈지라도 둘은 한 방향으로 노를 저으면서 행복을 찾아가야 한다.

주례는 "오늘의 주례사는 신랑 신부가 상대방 앞으로 쓴 편지 낭독으로 대신합니다."라고 했다. 신랑이 신부에게, 신부가 신랑에게 사랑과 애정을 담아 행복한 가정을 이루겠다는 청사진을 하객들 앞에 펼쳐 보였다. 신랑은 영원한 사랑을 맹세하며 신부와 태어날 아이들을 사랑으로 지키고 가정의 행복을 위해 어떤 희생도 기쁨으로 받아들이겠다고 다짐했다. 결혼은 하늘이 주신 감동의 선물이라면서 신랑은 감정이 북받치는지 목이 메어 울먹였다.

어느 주례사보다도 참신하고 감명 깊었다. 신랑의 순수하고 진정성이 우러나는 진실한 모습에 하객들도 숙연해졌다. 문득 35년 전 주례석에 서서 주례사를 하는 내 모습이 떠올랐다.

청파 교정의 녹색 나뭇잎들이 맑은 햇살에 빛나던 1989년 5월 초순 어느 날 오후였다. 노크 소리와 함께 2년 전 졸업한 제자 유진이가 들어왔다. 겸손하고 착실했던 유진의 방문이 반갑고도 한편으론 의아했다. 그 옆에는 훤칠하게 잘생긴 정장 차림의 청년이 서 있었다. 유진은 직장 동료로 결혼할 사이라면서 그를 소개했다.

차를 마시며 유진은 아주 조심스러운 태도로 "교수님께 주례를 부탁드립니다."라고 했다. 주례로 모실 분을 소개해달라는 게 아니고 나보고 서 달라는 거였다. 당황한 나는 "관습상 주례는 양가 부모님이 의논해서 모시는 것이니 부모님 뜻에 따르는 것이 좋지 않을까?" 하고는 혹시 무슨 사정이 있나 싶어 "네가 원하면 주례에 마땅한 분을 알아보겠다."라고 했다.

그때까지만 해도 여자가 주례를 서는 일은 매우 드문 일이었다. 나는 아직 주례를 설 정도의 연륜과 인생 경험도 부족하고 더구나 지적으로도 충만하지 못한데다 덕목과 인품도 갖추지 못했다. 내가 주례를 선다는 건 가당치도 않다면서 둘에게 결혼 축하 인사를 한 후 돌려보냈다.

닷새쯤 지났을까, 제자가 다시 찾아왔다. 유진은 살포시 웃으면서 결혼 청첩장을 내밀었다. 펼쳐보니 주례에 아예 내 이름이 올라 있는 게 아닌가. 어이가 없고 난감했다. 유진은 작심하고 온 듯 여유롭고 자신감 있게 입을 열었다. "제가요, 교수님 강의를 들으면서 마음속에 간직해 놓은 꿈이 있었어요. 언젠가 사랑하는 사람을 만나 결혼을 하게 되면 교수님을 꼭 주례로 모셔야겠다고 마음먹고 있었어요. 꿈속에서 웨딩드레스 입은 저와 미지의 신랑 앞에 교수님이 서 계시기도 했어요. 학창 시절부터의 제 소원이니 들어 주세요. 교수님! 주례를 부탁합니다."라고 했다.

이렇게 기쁨에 차서 자기 소신을 조리 있게 밝히는 유진이 한없이 사랑스럽고 기특했다. 다시 "이번에 결혼 말이 나왔을 때 교수님 생각을 제일 먼저 했어요. 교수님을 주례로 모시려고 양가 부모님들께 제 뜻을 관철시키는 게 쉬운 일은 아니었어요. 먼저 신랑을 설득하는 게 쉽지 않았고 부모님들께서 제 뜻을 받아 주시기까지 얼마나 애를 태웠는지 몰라요." 그렇게 말하며 나를 바라보는 유진의 미소가 행복해 보였다. 그동안 유진의 진심을 헤아려 보지 못하고 무심하게 대했던 내가 한심해지면서 부족한 나를 무조건 좋아한다는 유진이 고맙기까지 했다.

유진의 예식 날이 가까워질수록 주례사에 대한 걱정이 태산처럼 밀려왔다. 살아오면서 수도 없이 참석했던 결혼식에서 주의 깊게 예식 절차나 주례사를 끝까지 경청해 본 적이 없던 터였다. 심지어 옛 조선호텔 프린세스룸에서 올렸던 내 결혼식에서조차도 긴장한 탓이었는지 주례사에 대한 기억이 전혀 없다. 느닷없는 유진의 주례 부탁이 나에게는 결혼의 의미를 곰곰이 되새겨 보는 계기가 되었다.

햇빛 찬란한 5월의 어느 토요일에 유진의 웨딩마치가 울렸다. 나는 보이지 않는 어떤 힘에 이끌린 듯 주례석에 서서 결혼 의식을 주재하고 있었다. 결혼은 사람이 살면서 가장 중대하고 신성한 일이다. 검정 예복의 신랑과 하얀 웨딩드레스를 입은 신부가 새롭게 펼쳐질 미지의 세계에 대한 꿈과 희망과 기대에 가득 차 서 있는 모습이 아름다우면서도 행복해 보였다. 먼저 양가 부모님들께 축하인사를 올린 후 나는 신랑 신부의 행복을 기원하는 마음을 담아 결혼생활에 도움이 될 내 나름의 주례사를 했다. 학

교 울타리에서 학생들만 상대한 지극히 단순반복적인 생활에 빠져 세상물정도 잘 모르는 40대의 평범하기 그지없는 내가 인생에 대해 뭘 안다고 그 엄중한 자리에서 그런 만용을 부렸는지, 그때 일을 생각하면 부끄럽기 짝이 없다.

그 후 알음알음 알게 됐다면서 몇몇 제자들이 신랑감을 데리고 나를 찾아와 주례 부탁을 했다. 재직하는 동안 주제넘게 행한 다섯 차례의 주례 경험은 교수로서의 각별한 보람을 갖게 해준 인연이기에 소중하고 감사한 마음이다. 나는 지금도 그들이 가치 있는 삶을 향상시키는 분야에서 활동하면서 행복하게 살아가기를 기도한다.

남성 듀엣이 부르는 <오 솔레 미오>가 식장 안에 울려 퍼진다. 축가를 들으며 서 있는 신부의 얼굴 위로 "저 결혼해요, 주례를 부탁합니다."라며 미소 짓던 40여 년전 유진의 얼굴이 겹쳐 보인다.

창밖의 싱그러운 나뭇잎들이 새로 출발하는 신랑 신부의 행복을 기원하듯 살랑대며 춤을 춘다.

(2021년)

운명이 바꾼 사랑

　불볕더위 아래서도 우리는 마냥 즐겁고 행복했다. 햇볕은 따갑지만, 습도가 낮아서인지 그다지 무덥지도 않았다.
　1988년 8월, 여름방학 중인 아이들과 함께 모처럼 떠난 가족여행이었다. 때로는 뭉게구름을 벗 삼아 미국 서부의 길 위를 달리면서 울창한 산천초목과 이름 모를 꽃들에 매료되기도 했고 넓고 청정한 호수와 강물에 더위를 날려 보내기도 했다. 넓디넓은 미국의 한쪽에 불과한 서부지역 몇 곳만을 둘러봤을 뿐인데도 광활하고 풍성한 땅 덩어리가 부러웠다. 지형의 생김새나 바위 모양새나 색깔도 각양각색인 미국은 이름 그대로 자연경관이 아름다운 나라라는 생각이 들었다.
　떠난 지 7일째 되는 날 저녁 숙소로 찾아가는 낯선 길 위엔 어둠이 깔리고 차 뒷좌석의 아이들마저 잠들어 천지가 적막한데 벌판 위에 무심히 떠 있는 둥근달이 광야를 달리는 우리를 비춰

주고 있다. 그 은은한 달빛이 어찌나 고운지 문득 피닉스에서 내일이면 만나게 될 순이의 운명적인 사랑이 되살아나면서 묘한 감상에 사로잡혔다.

다음날 우리 가족은 애리조나주에서 제일 큰 도시인 피닉스에 들어섰다. 건물과 길거리의 자동차가 바삐 움직이는 도심을 벗어난 우리는 저녁 무렵에 순이네 집 앞에 차를 세웠다. 여행을 떠나기 며칠 전 순이와 통화하다가 우연히 서부여행 얘기를 꺼냈더니 자기 집에 꼭 오라며 알려준 바로 그 집이었다.

초인종을 누르자 기다렸다는 듯이 중후한 벽안의 장정이 웃으며 우리를 반겼다. 십 대 혼혈 딸들의 예쁘게 웃는 얼굴 속에서 순이도 배시시 웃고 있었다. 여전히 납작코에 깡마른 작은 체구의 순이는 상큼 발랄한 아름다운 딸들 속에서 더 초췌해 보였다.

그들의 환대를 받으며 거실로 들어간 우리는 수인사를 하고 자리에 앉았다. 크지 않은 거실 안은 두 집 식구들로 꽉 찼다. 그 집 큰딸의 안내로 아이들은 나가고 두 부부만 남아 차를 마시면서 몇 마디 주고 받으니 금방 어색한 분위기가 풀어졌.

미국인인 순이 남편 피터는 한국에서 신부로 사목 활동을 해서 한국어가 능통했다. 오래간만에 만난 순이와 나는 처음엔 아무말도 못하고 눈물만 훔쳤으나 바라보고만 있어도 따뜻하고 든든했다. 잠시 후 피터는 저녁 식사 전에 수영을 하자면서 아이들과 우리를 뒷마당 수영장으로 안내했다. 피터는 "여긴 워낙 더운 곳이라 집집마다 수영장이 있는데 워낙 물값이 비싸 못 쓰고 있다가 이번에 큰맘 먹고 물을 채워 넣었다."면서 어서 물 안으로 들어가 몸을 식히라며 아이들을 재촉했다.

피터와 순이네 딸들이 우리 딸을 데리고 물속으로 미끄러지듯 들어갔다. 그러자 남편이 멋쩍어 딴청을 부리고 있는 아들들 손을 잡고 물속으로 들어갔다. 햇볕에 뜨뜻미지근해진 물속에서 배영도 하고 물장구도 치자 조용했던 집안이 갑자기 시끌벅적해졌다. 맥없이 축 처져있던 뜰 안의 나뭇잎과 이름 모를 꽃들도 고개를 쳐드는 듯했다. 순이 딸들이 내 딸을 챙겨가며 행복해하던 모습이 지금도 눈에 선하다.

비로소 순이와 나는 얘기를 나누며 저녁상을 차렸다. 우리가 온다고 해서 처음으로 담갔다며 내놓은 김치가 최고의 별식인 듯 서로 권하며 먹었다. 식사를 마친 후 나는 순이에게 "늦게나마 네 결혼과 가정을 축하한다"라고 했다.

그리고는 "네가 수녀 착복식을 하던 날 큰아들을 업고 명동성당엘 갔었어. 미사가 끝나자마자 수녀들이 일제히 퇴장하는 바람에 네 얼굴도 못 보고 헤어진 게 못내 아쉬웠어."라고 했다. 그런데 얼마 후 순이의 결혼 소식이 들려왔다. 나는 너무나 드라마틱한 사랑의 결실이라 야릇한 전율을 느꼈으면서도 순이가 행복을 위해 내린 결정일 테니 운명적 전환점의 계기가 되리라 생각했었다..

잠시 후 순이가 조용히 입을 열었다. "너도 알다시피 고교 졸업 후 취직도 못하고 결혼 말도 없어 허송세월하다가 단짝 친구 S와 성당에 갔어. 주일마다 성당에 나가다 영세와 견진성사를 받고 몇 년간 수련 생활과 봉사활동을 했어. 6년 만에 수녀가 되었어. 수녀 착복식 후엔 외부와 차단된 수녀원에서 시간표대로 예수 찬미, 성경 공부, 기도, 그리고 묵상과 노동으로 이어지는 바쁜 일과를 은혜로운 생활이라 여기면서 행복하게 지냈지. 주님을 위해 눈뜨고 찬미하고 기도하면서 지내던 일상에 어느 날 지금의 남편인 피터가 나타났어. 피터는 나에게 인천의 한 성당에서 영세와 견진 세례를 준 신부님이기도 해."라고 했다.

피터 신부는 전국 각지에서 모여든 이곳 수녀들에게 신학과 철학을 가르치던 교육 담당 신부였단다. 순이는 자기도 모르게 기도의 주체가 그리스도에게서 신부에게로 옮겨가면서 강의 내내 그 신부 얼굴만을 쳐다보았단다. 기도하다가 창밖을 내다보며 끝 모를 적요한 고독에 눈물을 흘렸고 때론 상상의 날개를 펴고 소박한 행복까지 꿈꾸면서 점점 피터 신부에게 빠져들었다며 말꼬리를 흐렸다.

그 말을 들으면서 나는 고교 시절 내 앞 책상에 조용히 앉아

시를 써서 보여주던 순이가 생각났다. 그러면서도 교내 백일장이나 교지에는 한 번도 자기 시를 발표한 적이 없었다. 순이는 친구들과 어울려 소리내어 떠들거나 크게 웃지도 않았지만 내숭 떤다 할 정도로 겸손한 학생이었다.

그런 순이가 그리스도 때문에 숨 쉬고 예수 찬미로 살아가는 수녀가 되더니 가슴속엔 남몰래 상식에 어긋난 사랑의 불씨를 키우고 있었다니. 신부님을 향한 그리움에 번민하며 통렬하게 반성하면서 주님께 용서의 기도를 올렸을 것을 생각하니 그 절절하고 엉뚱한 사랑에 가슴이 저며왔다. 신부님과의 공부 시간이 길어질수록 불가항력으로 전개되었을 순이의 그 애틋하고 진실한 사랑은 신부의 마음에서 어떻게 사랑의 씨앗을 깨워냈는지 결국 사제복까지 벗게 했다.

피하려야 피할 수 없는 만남으로 이어진 둘의 인연은 수녀복과 사제복을 벗는 파계로 이어져 교황청으로부터 파문을 받고 세상 밖으로 나오게 되었다. 일과표대로 움직이는 엄격한 규율과 엄숙한 공간에서의 생활에 익숙했던 그들은 거의 무방비 상태로 변화무쌍하고 험난한 세상과 맞서게 됐다. 결혼이라는 상승의 기세를 타고 미국으로 날아간 피터는 부모님의 강력한 결혼 반대로 그 가문에서 무일푼으로 쫓겨났다.

석사학위 소유자면서 신학대학을 거쳐 사제서품을 받은 피터는 뉴욕 중부 지방의 명문가 장남이다. 하느님과의 약속을 저버린 탕아로 낙인찍히게 되면서 동기간과도 의절하게 됐다.

피터는 "먹고살기 위해 이것저것 닥치는 대로 일을 했으나 가난을 면치 못하다 아이들이 태어나자 미국에서 가장 생활비가 적게 든다는 서부지역 피닉스로 오게 되었다."라고 했다. 피터는 피닉스의 시청 공무원이 되었고 순이도 아메리칸 익스프레스 카드 회사에서 일해 안정을 찾아가고 있다면서 바깥일 하는 아내가 안쓰러운 듯 애틋한 눈길을 보냈다. "뉴욕에서 살 때 어렵게 구한 직장에선 요령이 없다, 굼뜨다고 괄시받다가 며칠 만에 짤릴 때마다 하느님께서 나를 밉게 보시고 내리는 벌이라고 생각했다."면서 웃기도 했다.

귀국 후 여름 방학 때 순이가 딸들과 함께 서울에 와 우리 집에서 사흘을 묵었다. 한국을 떠난 후 첫 번째 방문이란다. 피터가 1960년대 초 인천 답동성당의 주임신부였을 때 복사였던 중학생이 훗날 대학교수가 되어 피닉스로 피터를 찾아왔다가 피터의 답답한 생활을 보고 국내 취업을 알선하게 되었단다. 그 제자가 다녀간 지 2년 만에 피터는 국내 모 지방대학의 교수로 임용되어 학생들을 가르치며 보람된 일상을 보내고 있어 온 식구를 불렀단다. 처음으로 인천 친정 오빠네 식구들도 만나 회포도 풀고 서울 구경을 왔다는 순이의 얼굴은 무척이나 환하고 행복해 보였다.

쉰 살이 넘어 한국에 온 순이는 눈부시게 발전한 모습을 보고 모국에 대한 긍지와 고마움을 느낀다고 했다. 그런 모국을 딸들에게 보여주게 돼 기쁘다면서 피닉스에서만 자라온 딸들은 북적북적, 휘황찬란한 서울 거리와 사람들의 다채로운 옷차림에 완전히 매료된 듯했다. 우리는 명동성당에 가서 미사를 드리고 북촌마을과 인사동을 걷고 한식당에서 배를 불린 후 경복궁과 덕수궁을 둘러보았다. 오랜 친구 S도 함께 어울렸다. 다음날은 백화점과 이태원, 그리고 동대문 패션 매장에서 쇼핑도 하며 즐거운 시간을 보냈다. 순이 딸들은 몸매가 빼어나 아무 옷이나 잘 맞고 예뻤다. 옷 한 벌씩을 사줬더니 어찌나 좋아하는지 오히려 머쓱했던 그때가 그리워진다.

우리는 가끔 전화로 안부를 전하면서 35년이란 세월을 흘려보냈다. 순이 남편은 대학에 근무하면서 방학 때마다 태평양을 오가는 기러기 생활을 하면서 정년퇴직까지 했다. 그러는 10여 년 동안 세 딸은 자라 대학생이 되고 사회로 나왔다. 퇴임 후 피닉스로 돌아간 피터는 몇 년 전에 세상을 떠났다. 큰딸과 막내딸은 수녀가 되었고 둘째 딸은 사회복지사로 근무 중이라며 홀가분해하던 순이가 얼마 전부터 전화 연결이 되질 않는다. 딸들의 연락처를 미리 알아두지 못한 내 불찰을 자책하면서 순이의 생사를 궁금해할 뿐이다.

수녀복과 사제복을 벗을 만큼의 진실하고 절절한 사랑으로 운명을 바꿨던 팔십 중반의 순이는 어디에 있든 하늘나라의 피터와 평화롭고 영원한 사랑을 누리고 있으리라.

　운명이란 '인간을 포함한 모든 것을 지배하는 초인적인 힘, 또는 그것에 의해 이미 정해져 있는 목숨이나 처지'라고들 한다. 하지만 살아가면서 자기가 원하는 삶의 목표나 방향 또는 상황에 따라 자신의 노력과 선택으로 운명은 바뀔 수도 있지 않은가. 순이와 피터의 사랑처럼.

　아모르 파티(Amor Fati)!

(2024년)

라인댄스 포에버

수업에 늦을세라 아침부터 서둘렀다. 시니어플라자홀에는 60대에서 80대의 회원 사십여 명이 정답게 인사를 나누며 환하게 웃고 있다. 다채롭고 다양하지만 화려하지는 않은 옷차림에 댄스화를 신은 모습이 세련되고 당당해 보인다. 이상적인 체형에다 평소 건강관리도 잘했는지 나잇살도 없고 자세도 반듯하다. 그렇지 못한 나는 마냥 그들이 부럽다.

그때 환상적인 드레스에 부츠 댄스화를 신은 선생님이 날아갈 듯 발랄한 인사로 우리를 맞는다. 우리는 좋다고 환호하며 박수로 화답한다. 라인댄스로 맺어진 인연들이 모여 서로 배려하고 격려하는 공감대가 이뤄진 홀 안은 기쁨과 생동감이 넘쳐난다. 이 홀에는 우리나라가 민주화와 산업화로 급성장할 때 각자의 자리에서 크게 기여했던 분들의 내공이 응축되어 승화된 여유와 사랑도 녹아 있다.

정년퇴직후 홀가분한 마음으로 얼마간은 신나게 즐겼는데 갑자기 편안해진 생활 탓인지 여기저기 탈이 나기 시작했다. 챙겨 먹어야 할 약도 늘어났다. 출퇴근 걱정 없는 자유롭고 느긋한 일상 속으로 파고드는 허탈감과 무력감, 사회적 소속감에서 벗어났다는 공허함과 익숙했던 관계들로부터의 소외감에 빠져 왠지 허망하고 외로웠다.

가정과 직장을 양립하느라 정신없이 살다 보니 건강을 위한 운동은 해본 적도 없었다. 생활 습관을 개선한답시고 동네 헬스장에 3개월 회원 등록을 해봤으나 이런저런 핑계로 보름 정도나 이용했을까. 그러던 중 친구를 따라 73세 늦깎이로 시니어플라자에서 라인댄스를 배우기 시작했다. 내 안에 가무(歌舞)를 좋아하는 끼가 숨어있었던 걸까. 다리 힘이나 길러보자는 마음으로 시작한 라인댄스를 7년 넘게 하고 있는 나 자신이 생각할수록 신통하고 대견하다.

라인댄스는 박자에 맞춰 스텝(걸음, 보) 위주로 여러 명이 줄을 맞추어 같은 방향을 보고 각도를 지키며 같은 동작을 하는 비교적 단순한 춤으로 파트너 없이도 출 수 있다. 처음 수업에 들어왔을 땐 홀 안을 빙빙 돌면서 춤추는 분들을 보고 감탄을 넘어 경외감마저 들었다. 라인댄스의 기본 동작을 몰라 허둥대다가 다른 사람들에게 폐를 끼치는 것 같아 슬그머니 나와 앉아있기도 했다. 날씨가 궂거나 몸이 찌뿌듯해 라인댄스 수업을 안 가려 하면 "가서 음악이라도 듣고 친구들과 점심이라도 먹고 오라."면서 등 떠밀어 내보내곤 했던 남편의 공도 컸다.

시간이 힘이고 반복적인 연습만이 대가(大家)를 만든다고 했던가. 여러 종류의 동작을 익히면서 차츰 재미가 붙기 시작했다. 아직도 선생님의 동작을 따라 움직일 뿐 라인댄스의 테크닉이나 전문적인 지식은 없다.

딸뻘 정도 되는 선생님은 10월 들어 첫 시간이니 스트레칭으로 준비운동을 한 후, 전에 배웠던 춤들을 먼저 즐기고 새로운 춤을 배우자고 하신다. 넘쳐나는 흥과 끼로 가슴 뛰는 우리들에게 선생님은 줄기찬 에너지와 신명을 불어 넣어 주신다. "라인댄스는 라인(줄)과 방향과 각도가 중요합니다. 음악에 맞춰 박자와 스텝을 정확하게 일치시키고 순서대로 속도를 조절하며 가슴을 쫙 펴고 움직여야 해요. 때로는 박자를 잘게 쪼개거나 늘리는 기교로 춤의 격조를 끌어 올리고 춤의 방향을 바꾸거나 회전할 때는 각도에 따라 몸을 정확하게 움직이고 동작을 따라가며 마주 보이는 벽면에다 시선을 머물게 하세요."라면서 시범을 보이신다.

선생님은 무대 위에서, 또 사방으로 돌아다니며 춤 동작 하나하나를 설명하신다. 열심히 따라 하는 우리들을 보고 잘했다고 칭찬하면 좋아라하며 웃고, 틀렸다고 뭐라 해도 그냥 멋쩍게 웃어넘긴다. 꼭 말 잘 듣는 유치원 어린이가 된 기분이다.

춤은 팝송, 샹송, 칸초네, 탱고, 삼바, 한국가요 등 다양한 곡의 음률에 따라 달라진다. 우리는 각각의 음악 장르에 맞추어 카운트가 변화되면서 그 리듬에 맞추어 엇박자가 되기도 하고 정박자가 되기도 하며 춤을 춘다. 각 나라와 그 지역 문화권의 특색이 반영된 음악에 따라 나름의 이색적인 춤 동작이 재탄생된다.

대체로 춤은 음악과 절묘한 궁합을 이룬다. 음악의 흐름 속에서 박자가 남았을 때나 곡이 늘어질 때 춤을 연결시키는 고리 역할을 하는 태그(tag)를 넣는다. 또 춤추는 도중에 음악의 마디가 다시 처음으로 되돌아가면 처음 동작으로 리스타트(restart)를 한다. 이렇게 음악과 춤의 조화와 균형을 잡는 여러 가지 기예(技藝)들이 춤의 묘미와 완성도를 높여 주는 라인댄스는 수학과 과학이 바탕이 되어 음악이 주는 느낌을 몸과 마음으로 그려낸다. 음악에 심취되어 우러나는 감동을 무아의 경지에서 갈구하듯 온몸으로 표현하는 고난도의 우아한 춤사위는 아름다운 행위예술의 극치를 보여준다.

이러한 라인댄스는 여럿이 함께 모여 절도 있는 동작으로 즐기면서 건강을 지켜주는 춤으로 내 나이엔 가장 알맞은 것 같다. 게다가 뇌 기능을 활성화해 줌으로써 치매 예방 효과도 있다고 하니 노년층에게는 금상첨화라 하겠다.

지난날 즐겨 들었던 음악에 춤이 실리면 젊고 행복했던 시절의 내가 내 안에 들어와 춤을 춘다. 리듬이 경쾌한 팝송을 들으면 꽃밭에 놀러온 나비와 함께 춤을 추는 앳된 소녀가 내 안에서 웃고 있다. 부드러우면서 서정적인 샹송이 흐르면 춤은 날아다니는 시(詩)가 되어 가슴 설레며 저 혼자 괜히 얼굴 붉히는 사춘기 여학생이 된다. 칸초네의 자유로움과 낭만적인 향취는 사랑과 새로운 세상을 동경하는 20대의 보헤미안이 되어 홀안을 헤매기도 한다. 30대의 나는 마음속의 파트너와 감미롭고 경쾌한 왈츠를 추면서 황홀해하기도 하고, 때론 육감적이고 우수에 젖은 몸짓으로 예쁨을 뽐내는 40대의 원숙한 여인이 되어 탱고를 추고 있다. 그러다가 애절한 추억의 영화음악이 흘러나오면 비련의 여주인공이 된 내가 슬픔에 겨워 남몰래 눈물을 훔쳐내기도 한다.

수업이 끝나 마무리 운동을 할 때야 여든 살의 나로 돌아온다. 빠른 움직임으로 숨도 차고 땀도 났다. 춤춘 즐거움만큼 세포가 새로 생성된 것 같은 생명력을 느낀다. 한 시간 동안 배꼽 이동을 했으니 만보(萬步) 정도의 운동 효과는 거두었으리라며 스스로 흐뭇해한다.

춤을 추면 기분이 좋아지고 즐겁고 행복해지는 것은 베타 엔돌핀이라는 호르몬 분비 관계라는 설이 있고 혈중 '엔드 칸나비노이드'라는 기쁨과 쾌감 물질의 분비가 상승하기 때문이라는 연구 보고도 있다. 좋아하는 음악을 들으면서 춤을 추니 내 안에 행복했던 지난날의 나를 만나는 기쁨도 있다. 무엇보다 춤을 좋아하는 친구들과 만나 밥도 먹고 수다를 떠니 우울하거나 외로울 틈도 없다.

인생 후반의 선물인 치유와 화해의 라인댄스가 내겐 바로 보약이고 축복이다. 이렇게 내 생활에 활력의 날개를 달아준 라인댄스를 즐기면서 아름답게 늙어가리라.

라인댄스 포에버!(Line Dance Forever)

(2019년)

인연의 꽃들

　근 3년 반 만이다.
　4월부터 코로나 방역을 위한 사회적 거리 두기가 잠시 해제되면서 5월 둘째 주에 라인댄스 수업이 재개됐다. 홀 안으로 들어서자 무대에 있던 선생님이 웃으면서 반겨주셨다. 전에 같이 했던 회원들이 다시 만나게 돼 반갑다고 기뻐하고 낯선 신입회원 몇도 덩달아 좋아했다.
　우리는 줄을 맞춰 서서 스트레칭으로 몸을 풀었다. 귀에 익은 음악이 흐르자 나도 모르게 선생님을 따라 춤을 추고 있었다. 몸이 기억하고 있었나 보다. 처음엔 스텝이 엉키고 박자를 놓쳐 허둥대면서도 웃어가며 반복연습으로 동작을 익혔다. 30여 명의 회원이 마스크를 쓴 채 음악의 선율과 리듬에 따라 스텝과 박자를 맞추고 회전 방향과 각도를 바꿔 가면서 홀 안을 누볐다. 신명 난 50여 분간의 운동으로 세포가 새로 생성된 듯 기운이 샘솟았다. 상기된 친구들의 얼굴엔 혈색이 돌았다. 무슨 큰일이라도 해 낸 듯한 뿌듯함에 가슴을 펴고 대학 동기 두 명과 59학번이라는 인연으로 친해진 J와 넷이서 근처 식당으로 행했다.

이른 장마로 오락가락하던 비가 그친 하늘엔 하얀 구름 꽃이 피었다. 5월의 햇살을 받으며 바람에 살랑거리는 가로수 잎들이 싱그럽고 아름다웠다. 수업 중엔 못 느꼈던 발목과 무릎이 시큰거려 뒤뚱거리면서도 친구들과 함께 걷고 있다는 사실이 더할 나위 없이 고맙고 행복했다. J가 나를 보며 큰아들이 거금(?)을 내놓으면서 "이번 스승의 날에는 고급 식당에 가서 이 교수님께 맛있는 식사를 대접하시라."고 했단다. 동기 친구들도 함께 초대하려 하니 나보고 시간과 장소를 정하라 했다.

J의 큰아들 Y교수는 내 모교이자 봉직했던 학교에 재직 중이다. 10여 년 전 라인댄스 홀에서 J를 처음 만났을 때다. 미소를 머금고 겸손한 자세로 Y교수가 자기 큰아들이라며 인사하는 J를 향해 내가 웃으면서 "모자간이 판박이로 닮았다."라고 하자 행복해하는 얼굴 위로 한 젊은이의 모습이 떠올랐다. 내가 예상했던 대로 Y교수의 모친인 J는 우아하면서도 음전한 분으로 교양미와 지성미를 두루 갖추었다.

대학 캠퍼스에 싱그러움이 가득했던 여름학기 중 어느 오후였다. 본관 앞 중앙로 맞은편에서 바쁘게 걸어오던 한 인상 좋은 젊은이가 자세를 반드시 취하더니 내게 공손히 인사를 했다. 순간 어떤 분인지 아들을 참 예의 바르게 키워냈다는 생각이 들었다. 내가 그 또래 자식을 둔 어미라선지 그 젊은이의 태도가 예사로 보이지 않았다. 나중에 보니 새로 부임한 교수였다. 전공이 다르고 연구실도 떨어져 있는 데다 세대차가 있다 보니 사사로이 말 한마디 나눠 보지 못한 채 나는 정년을 맞았다.

퇴임 3년 후 스승의 날에 즈음해 모교에서 은퇴 교수들 초빙 행사가 있었다. 좌석이 마련된 무대로 올라가려고 계단 밑에서 잠시 머뭇거리고 있는데 후드 달린 학위복에 모자를 쓰고 교무위원석에 앉아있던 한 분이 일어나 우릴 향해 인사를 했다. 몇 년 전 본관 앞에서 공손하게 인사하던 Y교수였다. 그 옆에 앉아있던 교무위원들도 덩달아 일어나 인사를 하자 교직원들과 학생들의 박수 소리가 강당 안에 울려 퍼졌다. 뜻밖의 환대에 감격해 눈시울이 붉어진 은퇴 교수들이 웃음으로 답례하는 모습에 괜히 가슴이 뭉클했다.

교무위원은 총장, 대학원장, 단과대 학장들과 행정부서의 처장들로 구성된 우리 대학교의 최고의사결정기구이다. 입학식이나 졸업식 등의 행사엔 무대 위로 올라가나 그날은 선배 교수들을 모시는 자리라서인지 홀 안에 앉았다.

은퇴 후 편하고 홀가분한 기분으로 지냈는데 날이 갈수록 몸

여기저기서 탈이 나기 시작했다. 그때 친구의 권유로 라인댄스를 배우면서 J를 만났다. 오래전 내가 Y교수를 처음 봤을 때 내가 상상했던 그대로의 어머니인 J는 모든 면에 최선을 다하면서 유머와 위트로 주변 사람들을 행복하게 하는 분이시다. 우리는 여기서 음악과 춤을 즐기며 기쁨도 나누면서 서로의 위로가 되고 있다. 이런 인연을 귀히 여긴 효심이 지극한 Y교수가 스승의 날을 맞아 그의 모친을 통해 나를 초대한 것이다.

오랜 동안의 내 교직 생활 중 제자가 아닌 옛 동료 교수로부터 받은 스승의 날 축하는 처음 있는 일이라서 당황스러웠으면서도 고마움과 함께 깊은 감동을 받았다.

나는 예약한 식당으로 걸어가면서 요즘같이 각박한 세상에 예와 효성뿐만 아니라 인품과 학식까지 두루 갖춘 Y교수가 특별해 보였다. 어느새 학계의 중견 학자로 우뚝 선 그는 교내외의 활동 폭이 넓어지고 바빠지셨다.

얼마 전 TV에서 한 인상 좋은 분이 진지하게 강의하고 있었다. 바로 Y교수였다. 중후함과 품격을 갖춘 Y교수 앞에 놓여 있는 '숙대 교수'라는 명패를 보는 순간 어찌나 반갑던지, 가슴이 벅차올랐다. 언젠가 한 일간지에서 Y교수가 '한국○○학회'의 학회장으로서 인터뷰하는 기사를 봤을 때의 뿌듯함과 기쁨도 동료애보다는 또래 아들을 둔 어미의 마음이 되어 마냥 대견하고 자랑스러웠다.

그 Y교수의 어머니인 J와 대학 동기들과 함께 나이에 맞는 고급 식당에서 맛있는 음식에 수다를 얹어가며 행복한 시간을 보냈다. 우리는 광복과 한국전쟁의 혼란과 대학 때의 4·19혁명 등 사회적 변혁기의 격랑을 헤쳐내면서 경제성장의 중심에서 가정을 일궈온 동년배라서인지 어떤 말에도 공감하고 어떤 상황에서도 소통이 자유롭다. 얘기를 나누다 보니 Y교수와 내 큰아들은 동갑에다 같은 고교 동창이고 작은아들들도 동갑내기들이다. 식당을 나오면서 나는 Y교수에게 전해달라며 마음의 표시와 감사 카드를 내밀었다.

J는 아들이 준 돈이 반 이상 남았다면서 다음 주엔 라인댄스를 그만둔 형님과 가깝게 지내는 아우들을 초대해야겠다면서 헤어졌다.

나는 따스한 햇볕을 등에 업고 선정릉역을 향해 걸으면서 지난날을 돌아봤다. 살면서 좋은 분들을 많이 만났다. 그들의 사랑으로 내 일상은 활기에 넘쳤고 외롭지 않았다. 학생들과 함께할 수 있었던 복도 있었다. 그들과 같이 보낸 시간들은 내 생애 최고의 보람이고 행운이었다. 그러면서도 정작 내가 누군가에게 위로가 되어준 적이 있었는지, 하물며 온기를 느끼게 해준 적이라도 있었는지를 반성해 본다.

나는 시니어플라자홀에서 아름다운 음악에 맞춰 춤의 묘미와 기교들을 몸과 마음으로 표현하면서 친구들과 어울려 춤을 춘다. 춤은 내 안에 있는 다양한 모습의 또 다른 나를 제 가끔의 추억 속으로 불러내며 즐거움과 행복을 선사한다.

옛 인연과 새 인연을 어우르며 노년의 삶을 엮어가는 하루하루가 더없이 소중하고 감사할 따름이다.

내 안의 뜰에서 맺어진 인연의 꽃들이 서로 사랑하면서 아름답게 피어나도록 가꿔 보련다.

(2020년)

동행

오늘은 글쓰기 수업이 있는 날이다.

책과 필기도구에 각종 카드가 들어있는 지갑과 휴대전화를 넣은 가방을 어깨에 메고 집을 나선다. 요즘은 정장이나 모양새 나는 옷을 입을 일이 거의 없어 유명 메이커의 고가품이나 장식적 효능이 돋보이는 가방은 들지 않게 된다. 주로 편한 사람들과 부담 없이 소통하는 생활에 익숙하다 보니 때와 장소와 상황에 따른 평상복과 어울리는 가볍고 쓰기 편리한 기능적인 가방을 찾는 편이다. 어떤 경우이든 외출 시 나와의 동행은 가방이다.

오래전 아버지가 사다 주신 빨간 책가방을 메고 유치원에 다닐 때부터 지금까지 밖에 나갈 땐 으레 가방을 든다. 또래 아이들의 부러움을 샀던 그 빨간 가방을 나는 고꾸라져가며 38선을 넘어 월남할 때도 메고 왔다. 그 후 고교 졸업 때까지는 학생용 가방에 각종 교과서와 노트, 도시락을 넣고 다녔다. 그러다 대학에 다닐 때는 유행에 따라 작은 핸드백을 들고 책은 겨드랑이에 끼고 다니기도 했다.

나는 1963년에 대학을 졸업하면서 교사가 되었다. 학생들을 가르친다기보다 그들과 동료들로부터 배운 것이 더 많았던 그 고맙고 귀한 교사 생활은 3년도 못 채우고 결혼했다.

그땐 식구가 많은데다 냉장고도 없던 시절이라 매일 시장바구니를 들고 장을 보는 게 일과였다. 집 바깥 공기가 달콤해 흔들면서 들고 온 빈 바구니에 시어머님이 일러 주신 찬거리를 담을 때는 새삼 주부라는 긍지가 생겨 흐뭇했다가 이것들로 밥상을 차려야 할 걱정에 갑자기 마음과 시장바구니가 무겁게 내려앉곤 했다.

그럭저럭 한솥밥을 먹으며 긴장의 끈이 느슨해질 무렵에 첫아들을 낳았다. 아들은 할아버지와 할머니, 삼촌과 고모들의 사랑을 독차지하며 자랐다. 나는 어쩌다 외출할 때는 제일 먼저 기저귀 가방을 챙기는 애엄마가 됐다.

그런 중에도 제자들의 편지를 받게 되면 학생들의 초롱초롱하던 눈망울이 그리웠고 선생님이란 호칭에는 마음이 설레곤 했다. 집안 울타리 안에서 가사와 육아에 허둥대던 중에 둘째 아들이 태어났다. 출산 한 달도 못 되었는데 모교 은사님으로부터 숭의여고 교사 채용에 응해보라는 권유를 받고 응시를 했더니 운 좋게 채용이 됐다.

취직되자 시댁에서 분가를 하라고 하셨다. 다시 찾은 교직에의 자부심과 사명감에 열심히 학생들을 가르쳤고 학사업무에도 충실하려고 노력했다. 세상을 얻은 듯 의욕에 찬 나는 교재와 도시락이 든 가방을 들고 신나게 학교를 오갔다. 그러나 남편보다 이른 시간에 출근길에 나서야 했고 아이들이 잠자리에 있을 때 가정부에게 모든 걸 맡기고 대문을 나서야 하는 미안함과 애잔함에 마음이 쓰렸고 발걸음도 무거웠다. 그런데도 교문에 들어서면 신기하게도 집안일은 잊히고 오로지 학생들만 바라보며 학교생활에 몰두했다. 그러다가 퇴근해 집 가까이 오게 되면 갑자기 아이들 생각에 가슴이 뛰어 급한 마음에 가방을 끼고 뛰듯이 걷곤 했던 일상을 보냈다.

대학 졸업 10년이 되던 해에 은사님의 권고로 대학원에 진학해 교편과 병행했다. 둘째와 8살 터울로 딸을 낳은 후 교직과 대학교 출강도 병행하는 바쁜 일상이 내겐 보람과 회의가 엇갈리는 시간들이었다. 고맙게도 아이들은 무탈하게 지냈지만 남의 손에 자라느라 얼마나 외롭고 허전했을까. 생각할수록 가슴 아픈 세월을 견딜 수 있게 힘을 보태준 것은 바로 가방이었다. 내 소지품 외에 애들에게 줄 과자와 장난감 등 뭐든 가방에다 넣고 집으로 갈 때의 기분은 뿌듯했고 날아갈 것 같았다.

1977년 남편의 주재원 발령으로 사직서를 내고 런던 생활을 시작한 나는 딸이 네 살이 되자 그곳 유아원에 맡기고 패션디자인과 의복 구성을 배우러 다녔다. 옷감에 봉제기구와 교재를 넣은 가방은 볼품없이 크기만 했다. 그 가방은 귀국해서도 애용했다.

1986년에는 남편이 뉴욕지점장으로 발령받자 나는 2년간의 휴직원을 낸 후 세계 최고 패션산업의 본고장인 뉴욕으로 갔다. FIT에서 입체재단을 배우면서 뉴욕대학에서는 Pat Mulready 교수와 함께 소비자의 수요를 창출하기 위한 혁신적인 패션을 수용하고 재해석해 의류 상품을 기획, 생산, 유통하는 패션산업의 체계 정립방안을 연구해 『패션머천다이징』(修學社, 1994)도 발간했다. 그러다 보니 내 가방엔 실습재료와 각종 학술지와 논문자료 등으로 가득했다. 주재원 부인들 일부가 골프가방을 매고 다닐 때 나는 책가방을 들고 다녔다.

이렇게 맘껏 배우며 가르치면서 활기 있게 내 삶을 펼칠 수 있도록 도와준 모든 인연에 감사한다. 그러나 학교생활에 열중하다 보니 가정에 소홀할 수밖에 없었다. 지금 와 생각하니 엄마가 필요할 때 자식들 곁에 있어 주지 못한 것이 미안하고 죄스럽기까지 하다. 올곧게 자라 가정을 이룬 삼 남매가 자녀를 둘씩 낳아 여섯 명의 손주를 내게 안겨주었으니 더 바랄게 없다.

어느새 나는 여든 중반이 되었다. 마라톤 경주로 치면 홈스트레치(homestretch)만 남겨놓은 셈이다. 젊어서는 직장에 충실하려고 접어두고 살았던 꿈을 끄집어내 늦었지만 새로운 길을 내딛기 시작했다. 여든 살이 되던 해 감히 엄두조차 내지 못했던 글쓰기 공부를 시작해 책가방을 메고 집을 나설 때의 기분은 그 어느 때보다 뿌듯하고 행복하다.

가방은 소지한 사람의 부와 신분 상승의 상징이자 개성과 취향을 나타내는 무언의 통신자로서 외관을 꾸며주는 패션의 완성품이다. 또한 필요한 물건을 보관하고 운반해 주는 실용적이고 기능적인 역할을 한다. 아무 때나 뭘 넣고 어디를 가든 가방은 아무 말 없이 받아주기만 한다. 신분증과 카드와 휴대폰을 보관해 주면서 내 신상까지 대변해 주는 가방은 내 생활이 안전하고 편리하도록 해결해 주는 내 분신이라고도 할 수 있다.

나는 가방을 양손에 번갈아들기도 하고 팔이나 어깨에 걸치기도 하다가 때론 등에 메고도 다닌다. 온종일 함께하면서도 휴대전화나 카드를 꺼낼 때 가끔 말을 건네주거나 다독여 주는 정도다. 그런데도 몸에 지니거나 옆에 놓아두기만 해도 안정감과 신뢰감을 주니 가방이 내겐 든든한 버팀목이기도 하다.

유치원 때 어깨에 멨던 빨간 가방으로부터 모양과 품질과 크기와 용도는 다르지만, 이 나이에도 가방과 즐겁게 동행하고 있으니 가방이야말로 반려가 아닌가 싶기도 하다.

(2023년)

모처럼 함께한 우리

첫째 시누이 가족들이 놀러 왔다. 1970년 미국에서 가정을 꾸린 시누이의 세 딸네 식구가 추수감사절 연휴를 전후해 서울에 왔다.

시누이 부부는 친지들도 만나고 관광도 할 겸 자주 서울을 찾았었다. 조카딸들은 어렸을 때나 결혼식 때 보곤 했으나 자기 식구들을 대동하고 온 건 처음이다. 그런데 작년에 돌아가신 계매(季妹)가 안 계셔 매우 허전했다. 계매는 선량한 성품으로 주변에 따스한 온기를 피워내던 분이었다. 어느새 소녀티를 벗은 조카딸들이 의젓한 사위들과 아이들을 앞세우고 외갓집을 찾아와 우리 부부에겐 큰절을 하고 사촌들과는 맞절하는 모습을 보니 그렇게 미덥고 흐뭇할 수가 없었다.

보름 전에 먼저 도착해 집에 머무는 시누이는 우리와 맛집도 다니고 서울 근교의 명승지를 다니면서 딸들 식구 오기만을 학수

고대했다. 남편과 나는 조카딸들 내외와 아이들까지 열 명에다 안내할 서울 식구가 동시에 움직일만한 차량과 관광코스를 알아보느라 행복한 고민을 하며 조카딸들을 기다렸다. 그런데 큰조카딸 내외가 어찌나 영리하고 세상일에 능숙한지 미국에서 SNS를 통해 한국의 맛집과 명소와 교통편을 알아내고 숙소까지 예약하고 와 아무 불편 없이 3주간의 일정을 소화해 냈다. 공연히 염려했던 아날로그 세대의 우리 늙은이들만 애면글면했다.

조카딸들 내외와 두 살에서 열네 살까지의 손주들은 뷔페식당이나 일식, 중식 요리에는 뜨악했으나 숯불갈비와 잡채에 된장찌개나 김치찌개가 나오는 한식을 좋아했다. 집밥도 잘 먹는 걸 보니 미국서 나고 자랐지만, 한민족의 피에 흐르는 유전 인자 때문인가.

그들은 우리가 모르는 먹방집을 찾아다녔고 한강 변에서 라면도 끓여 먹는 등 교포로서 느끼는 그들만의 향수를 달래며 낭만을 즐기는 것 같았다.

어느 날 그들을 데리고 문화예술의 거리인 인사동에 갔다. 고미술과 고서점, 도자기와 찻집과 식당이 많은 그곳엔 남녀 외국인과 내국인이 형형색색의 개량한복을 입고 길거리를 누볐다. 경복궁으로 향하는 광장에도 한복을 차려입은 관광객들과 내국인들로 붐볐다. 한복을 제대로 갖추어 입은 젊은 외국 남녀가 어린 딸을 데리고 웃으면서 걸어오는 부드러운 자태는 직선과 직각으로만 정리된 흰 돌계단의 간결함과 대비되면서도 오묘하게 어울리는 우아한 아름다움을 자아냈다. 세계인이 열광하는 K-컬처에 한복 열풍도 한몫하고 있다니 감개무량하다.

그들은 한복대여점에 들어가 관광 상품으로 개량한 패션 한복으로 갈아입고 나비같이 춤을 추듯 경복궁으로 들어가 기념사진을 찍으며 즐거워했다. 시누이를 중심으로 미국 세 조카딸네 식구가 함께 포즈를 취했다. 활짝 웃는 시누이 옆에서 계매가 싱긋 웃는 것 같았다. 남편과 함께하고 싶은 시누이의 마음이 내 눈엔 그렇게 비친 것이리라.

그들이 서울을 떠나기 며칠 전 공직에서 은퇴한 후 교외에 사는 첫째 시동생 집에서 모였다. 거실 한쪽 벽면에 가계도(家系圖)를 걸어 놓았다. 한 부모님으로부터 4대에 걸쳐 직계와 방계로 가족관계를 맺으면서 50명으로 늘어났다. 교포 2세들인 조카딸들과 사위들은 어렸을 때 집에서 부르던 한국 이름을 보더니 감개무량해 했다. 이 가계도에 올라있는 가족 개개인이 이 세상의 연결고리로 소중하고 존귀한 존재라는 생각에 숙연해졌다. 조카들이 젊으니 앞으로 손주들은 더 태어나리라.

나는 오 남매의 가운데인 데다 친척 언니나 아주머니들과 같이 살아서인지 집안일을 거의 하지 않고 자랐다. 결혼 말이 나왔을 때 종가의 맏며느리이신 친정엄마가 "맏며느리 자리는 쉽지 않다. 너는 좀 홀가분하게 살아야 하는데…"라며 걱정하시는 말씀을 못 들은 체하며 시집을 왔다.

뛰어난 미모에 현모양처의 표상이셨던 시어머니는 공무원이시던 시아버지를 지극정성 받들어 모셨고 자식들을 알뜰살뜰 보살피며 키워내고 계셨다. 날렵한 몸매에 살림 솜씨도 야무지고 엽렵하신 시어머니는 음식 솜씨도 뛰어나셨다. 같은 재료를 써도 어머님 손맛이 들어가면 음식의 맛과 모양은 아주 맛깔스럽고 감칠맛이 났다. 가정의 주축이 되어 옹골차게 가정을 관리하고 경영하신지라 '성실(誠實)'이란 가훈 아래 가족 간의 애정과 결속력이 대단하였다.

처음엔 화목하게 지내는 시댁 식구들 주변을 겉돌면서 소외감도 느꼈으나 한솥밥을 먹으면서 차츰 식구들과 정이 들었고 시간이 흐르면서 시댁 가풍에도 동화되어갔다.

내가 첫아들을 낳았을 때 시아버님은 49세셨고 시어머님은 47세로 할아버지 할머니라는 호칭이 쑥스럽고 낯설었을 연세셨다. 아들은 온 가족의 귀여움을 독차지하며 집안에 기쁨을 주었다. 걷기 시작하면서 저보다 열 살 위인 막내 고모와 막내삼촌을 졸졸 따라다녔고 좀 커서는 베개 싸움도 하면서 같이 자랐다. 나는 시부모님 밑에서 남동생 둘과 여동생 둘인 오 남매의 맏며느리로 삼 남매를 낳아 키우가면서 가족 사랑을 배웠고 살다 보니 장성한 손주 여섯을 둔 할머니가 되었다.

　시부모님은 오 남매가 각각 일가를 이뤄 자식을 낳고 그들이 또 자식을 낳아 증손들을 보셨으니 하늘에서 흐뭇하게 웃고 계시리라. 시아버님보다 5년을 더 사신 시어머님은 증손 넷까지만 보시고 돌아가셨다.

　해외에 근무 중인 조카네 식구들을 빼고 46명이 한자리에 모였다. 서먹했던 조카사위들과 손주들도 어느새 익숙해져 편하게 어울리며 기뻐했다. 인심 후하고 손맛 좋은 첫째 동서가 몇 군데 마련한 식탁에서 옹기종기 앉아 맛있는 음식을 먹으며 혈연의 정을 나누었다. 사촌들끼리는 세상 살아가는 얘기를 주고받느라 화기애애했고 나이 차가 많은 손주 세대는 끼리끼리 모여 재미있게 노는 모습이 미덥고 사랑스러웠다. 미국에서도 손꼽히는 회사의 사장 등 중견 사원으로 활약 중인 조카딸들은 의외로 한국식 예의범절이 깍듯해 우릴 놀라게 했다.

　우리는 USB에 저장되어 있는 빛바랜 옛 흑백 사진들을 모니터에 비춰보면서 한복차림의 아버님과 어머님의 옛 모습에 뭉클해졌고 시댁 오 남매는 자기들이 자라던 모습을 보면서는 어렸을 적 추억을 더듬어 보며 감회에 젖기도 했다. 그러는 삼 형제의 얼굴엔 시아버님 모습이 보이고 시누이들의 얼굴은 어머님의 표정까지 그대로 배어있다. 시부모님의 유전자와 삶의 모습이 그대로 이어져서인지 살아가면서 오 남매는 신기하게도 닮아간다.

영상에 나오는 오 남매의 결혼식 사진 속의 새파랗던 신랑 신부의 얼굴은 행복으로 빛난다. 자식 낳고 삶에 부대끼며 세월에 닦이며 살아내는 동안 서로에게 맞춰가며 살다보니 부부가 닮았다는 소리를 듣는 할아버지 할머니가 되었다. 오랜 억겁의 인연이라야 부부가 될 수 있고 몇천 겁의 인연이어야 가족이 될 수 있다는 불가의 말이 있다. 부부는 성격과 생활 배경이 다른 사람들이 만났으니 서로의 다름을 인정하고 서로를 이해하며 양보하면서 살아야한다고 들었다. 하지만 살다 보면 사랑하면서도 다투고 상처주면서 밉고 고운 정을 쌓다 보니 어느 틈에 황혼길에 들어섰다.

헤어지기 전에 46명이 기념 촬영을 하러 정원으로 나갔다. 경기도 김포시 월곶면 문수산 기슭에 자리잡은 전원주택 정원엔 향나무, 주목, 소나무, 사철나무 등과 몇 그루의 유실수와 장미밭이 있었다. 그 아름답던 꽃과 잎이 져 버린 장미 줄기엔 볏짚이 감겨져 있다. 앙상한 감나무 가지에 매달린 마른 잎사귀 사이로 빨갛게 익은 감 몇 개가 눈길을 끌었다.

세월이 한참 흐른 뒤 조카딸 내외들과 손주들은 어느 멋진 가을에 찾아왔던 고국의 외갓집에서 보낸 이 시간을 어떻게 기억

할까.

  늦가을 날씨 같지 않게 포근한 오후, 모처럼 함께한 우리 혈연의 만남을 축하해 주는 듯 맑은 햇살이 아름답게 빛난다.

(2022년)

# 4.
내 사랑 숙명

아주 멋진 하루
내 사랑 숙명
버려진 피아노
박수 치며 살래
대학인의 의사표시와 대학 언론
제2 창학과 학생문화
학생복지 중심 대학
숙명, 21세기를 주도한 동량

아주 멋진 하루

괜히 마음이 설레는 5월이다. 오랜만에 제자들이 기다리는 곳으로 향하는 발걸음도 사뭇 설렌다.

스무 살 안팎의 순수하고 생기발랄했던 학생들은 지금쯤 어떤 모습을 하고 있을까, 생각만으로도 저절로 미소가 지어진다.

식당에 들어서자 맞은편에 앉았다가 반색하는 제자들을 보는 순간 청파 캠퍼스의 교실 창가에서 공부하던 그때의 모습들이 떠올랐다. 사십 년도 훌쩍 넘는 세월이 흘렀건만 그들은 학생 때의 어여쁨에다 한 가정을 다듬어오며 성숙함과 품격까지 겸비하고 있다. 고매한 자태에선 선한 마음으로 열심히 살아온 시간의 향기마저 풍기었다.

여덟 명이 함께한 식당은 오늘따라 조용했다. 아름다운 꽃다발을 받고 기뻐하는 내 목에 패션의 아이콘인 성희가 스카프를 매어주자 멋지다며 모두가 웃으며 환호했다. 식당 웨이터는 코스요리를 내놓을 때마다 성의를 보이며 우리의 귀중한 만남을 빛내주었다. 5월 중순의 밝은 햇살이 창가에 놓아둔 꽃다발과 식탁에 둘러앉은 우리들 위에 머물고 있었다. 은은하게 흐르는 칸초네의 선율에 접시를 비우면서 우리는 마냥 행복했다.

차를 마시면서 사십 년 전으로 돌아간 우리는 자연스럽게 학생 때는 못 했던 옛이야기 꽃을 피워냈다. 옆에 있던 M이 2학년 1학기 '교육원리' 시험 볼 때의 얘기를 했다. 자기가 베껴준 대로 시험을 본 한 친구는 A학점을 받았는데 정작 자기는 D학점밖에 못 받아 일찌감치 교직에의 꿈을 접었다고 했다. 학점에 대한 뒷얘기가 이어지다가 자기들 데이트 경험담도 꺼냈다.

S는 3학년 때 서관 교문 밖에서 기다리곤 했던 남자 친구가 지금의 남편이라고 했다. 오늘 입고 온 이 옷도 교수님 만나러 간다니까 남편이 골라준 옷이라면서 살포시 일어나 한 바퀴 돌며 포즈를 취했다. 스커트 주름 속에 숨어있던 빨간 꽃잎이 몸의 율동에 따라 하늘하늘 나붓대며 분위기를 북돋웠다. 그러자 졸업작품 패션쇼 때 자기가 연출한 무대의상이 모 여성잡지에 실렸었다는 얘기와 웨딩드레스를 입어 쇼의 하이라이트를 장식했다는 등 자랑 겸 회고담을 늘어놓으며 즐거워했다.

지금과는 달리 그 시절 대학에서의 패션쇼는 전문 모델을 내세우지 않고 학생이 직접 디자인하고 제작한 옷을 스스로 입고 무대에 올랐다. 전문 모델이라면 학생들이 디자인하고 제작한 옷이 아름답고 맵시있게 보이도록 표현을 잘해 더 빛이 났을지도 모르지만 본인이 만든 옷을 직접 입고 걸으면서 연출했기 때문에 작품에 얽힌 사연과 패션쇼에 대한 추억이 더 애틋하고 오랜 시간이 지나도 아름답게 남아 있을 게다.

1982년 과대표로 지금까지 이 모임을 주도하면서 의류학과 동문회 회장도 맡고 있는 정순이는 "올해가 우리들 환갑이라 부부 동반 해외여행이 잡혀있다."고 했다. 워낙 친하게 지내니 남편들과도 가까워져 등산이나 장거리 여행을 즐겨 다닌단다. 이제 남편들은 자기들끼리가 더 편해 수시로 어울린다면서 웃어댔다. 자식들 뒷바라지에 전념하다 보니 벌써 환갑이 되어 내 또래의 친정이나 시댁 부모님들의 건강을 걱정하는 그들을 보면서 환갑이 멀지 않은 내 아이들 얼굴이 스쳐 갔다.

학생 때부터 열한 명이 만나왔다는 그들을 보니 아름다운 정원에 열한 그루의 과실나무가 서로 의지하며 상생하는 풍요로운 풍경이 그려졌다. 봄마다 아름다운 꽃을 피우고 가을이면 저마다 다른 색깔과 모양을 한 열매가 서로 조화를 이루며 익어가는 나무들처럼 그들의 우정과 삶이 예쁘고 대견스러웠다. 그들은 외모나 옷차림이 다른 것처럼 생각과 환경도 다르지만 서로를 신뢰하고 배려해 가면서 자신이 지니고 있는 장점을 살려 세상을 지혜롭게 살아가는 행운아들이라는 생각이 들었다.

　그 당시 나는 획일화되지 않은 교육을 통해 개개인의 특성을 살려주는 방식으로 지도하려고 애썼으나 바람대로 행하지 못했던 것을 늘 아쉬워했다. 집으로 가면서 사제지간이란 인연에 감사하며 환대에도 흐뭇해하고 있는데 휴대전화가 울렸다. 방금 헤어진 제자들이 채팅방에 올라왔다.

　그중 서현이가 보낸 메시지는 한때 학생과 선생의 위치에서 다른 사명감과 역할로 결속돼 공유했던 각각의 경험이 조건 없는 사랑으로 녹아 스며들었다.

　다음은 서현이가 채팅방에 올린 글이다.

"사십 년 전 이선재 교수님께서 우리 학년의 지도 교수님이 되셨다. 아마 우리 의류학과 82학번들이 2학년 때였을 것이다. 교수님은 그때나 지금이나 별로 달라지지 않으셨다. 세월의 흔적으로 남은 예쁜 주름이 몇 개만 늘어 있었다. 우리 82학번 친구들도 그리 변하지 않아서인지 모두의 얼굴을 기억하시며 한 사람 한 사람 이름을 불러 주셔서 너무 감동적이었다. 그 시절 교수님은 "너희들이 지닌 특기와 재능을 살려 생업으로 이어질 수 있도록 노력하고 그 일을 즐기면서 안정되고 가치 있는 삶을 이뤄가라."고 당부하곤 하셨다.

의류학과 82학번 중 우리 열한 명은 정기적으로 모임을 가지고 있다. 물론 함께하고자 하는 다른 친구들도 언제든 환영한다. 일상이 바쁜 나는 모임에 잘 참석하진 못해도 늘 반겨주는 친구들의 배려 덕분에 지금까지 함께 할 수 있었다. 선생님께서는 "친구란 결혼하지 않은 아내요, 피를 나누지 않은 형제이다."라고 연암 박지원의 말을 인용하시며 세상 살아가는데 친구의 값짐과 중요성을 강조하셨다. 그만큼 가깝고 소중한 관계임을 의미하는 말씀에 모두가 공감하며 들었다.

졸업 후 동문회에선 만나뵈었지만 따로 찾아뵌 적도 없다가 뒤늦게라도 이런 자리를 마련할 수 있었던 것은 열한 명 친구들 의기투합의 힘이었다. 안타깝게도 다 함께 자리하지는 못했지만, 물심양면으로는 모두가 함께한 자리였다. 항상 웃으시며 건강해 보이시는 선생님은 우리의 귀감이며 우리가 늙어가면서 따르고 싶은 모습이셨다. 짧지 않은 점심시간이 소중하고 행복했다. 식당까지 오시면서 손수 사 오신 커피 사탕을 일일이 선물해 주셨다. 홀몸도 쉽지 않은 연세에 들고 오신 무거운 사랑박스의 무게만큼 진한 사랑이 느껴져 가슴 찡했다. 뭐라도 주고 싶으셨던 마음이 달콤한 사탕에 녹아있었다. 식당 주인의 따뜻한 배려로 더욱 좋은 시간이 되었다. 이런 자리를 만들어 준 교수님과 친구들께 감사를 올린다.

서현이의 글에 가슴이 뭉클했다.

오늘은 스무 살쯤의 학생 때로 돌아간 제자들과 사십 대 초반으로 되돌아간 내가 제가끔의 소중한 꿈과 희망을 펼치며 노래했던 청파교정에서의 추억을 회상해 보면서 마냥 즐겁고 행복한 날이었다.

아주 아주 멋진 하루였다.

내 사랑 숙명

　내가 숙명여대에 입학한 1959년 3월, 서울은 6·25전쟁의 상흔이 가지지 않아 황량하고 을씨년스러웠다. 그런 암울한 사회 분위기 속에서 고난과 역경을 보고 자란 우리 신입생들은 건실하고 참신한 꿈을 안고 교가를 따라 부르며 숙명인으로 새롭게 태어났다. 교복에 단 눈꽃 배지가 지성과 품성을 상징하며 밝게 빛났다.

　효창공원 옆에 자리한 모교는 지금의 현대식 건물들에 둘러싸인 거대한 캠퍼스가 아니었다. 본관은 일자형 3층 건물이었고 옆의 ㅁ자형 중정식(中庭式) 건물의 가운데 조그마한 정원엔 상록수와 작은 관목들이 어우러져 있었다. 본관 앞쪽에는 아담한 정원과 운동장이 있었고 본관과 기숙사 사이 뒤뜰에는 온갖 아름다운 꽃들이 철 따라 피고 지곤 했다.

　정문 옆으로 작은 동산이 있었고, 효창공원 옆 서관 자리와 교문(남문) 쪽으로 연결되는 나지막한 언덕 위 나무들은 사시사철 아름다운 계절의 옷을 갈아입으며 우리들을 지켜 주었다. 우리는 그곳 벤치에 앉아 당시 유행하던 팝송을 부르며 낭만을 즐겼다.

우리는 매주 월요일마다 대강당에서 가졌던 합동 교양강좌 시간에 교수님의 특강과 외부인사들의 특강을 들으면서 선후배나 숙명인이라는 동질감과 유대감으로 끈끈해졌다. 그때의 시간들은 인생의 지침이 되어 우리네 삶을 유익하고 윤택하게 밝혀 주었다. 그 대강당에서는 크고 작은 행사와 학술대회나 공연이 이어지기도 했다.

그중에서도 1961년에 내한했던 『대지(大地)』의 저자인 펄 벅 여사의 초청 강연을 잊을 수가 없다. 1938년 노벨문학상 수상 작가로 한국에 관심을 보였던 펄 벅 여사가 교복을 단정히 입고 앉아 강연을 듣는 우리를 보고 청초하면서도 고결한 수선화 같다고 극찬하시던 모습이 지금도 생생하다. 그 해 1학기 막바지에 있었던 하버드 대학생들의 합창 공연도 감명 깊었다.

그당시 우리는 입학하면 명동에 있는 지정 양장점에서 교복을 맞추어 입었다. 검은색, 감청색, 회색으로 제한된 교복 스타일은 세트인 슬리브, 프렌치 슬리브의 테일러드 재킷에 타이트스커트나 플레어스커트, 플리츠스커트 중에서 선택해야 했다. 그나마 색상과 옷 형태에 약간의 차이를 보였지만 스커트 길이는 무릎 아래로 5~6cm 정도 내려오게 입었다. 재킷에는 흰색의 블라우스를 받쳐 입었는데 블라우스의 디자인은 자유로웠다. 여름에는 다양한 디테일의 흰색 블라우스에 교복 스커트를 받쳐 입고 구두와 벨트, 헤어스타일의 변화로나마 자기 개성과 스타일리시한 매력을 강조하려 애썼다.

나는 감색 재킷과 플레어스커트에 트레이드 마크였던 포니테일 헤어스타일을 고수하다가 오드리 헵번(영화 <로마의 휴일>)이 유행시킨 쇼트커트 헤어스타일로 바꾸고 친구들과 함께 음악 감상실과 극장을 찾기도 하면서 고교생들 과외지도도 했다.

20대 초반의 여대생들은 일생 중 심미적 가치관이 가장 높은 시기로 패션 감각이 뛰어나고 자기표현의 욕구가 강하다. 외모에 각별히 신경을 쓰던 몇몇 학생들은 유행하던 페티코트를 받쳐 입은 폭넓은 티어드스커트(3단 치마)에 블라우스를 집어넣고 굽 높은 하이힐을 신고 다녔다. 1960년대 초엔 교문에서 불시에 행하던 교복과 배지 검열에 적발되어 화려한 원피스 차림으로 왔다가 집으로 돌아가는 친구도 있었다. 지금 생각하니 여대생들의 교복 검열이라니 격세지감이 든다.

전국적으로 대학교가 많지 않고 여학생이 남학생보다 훨씬 적었던 시대, 개성 넘치는 옷차림의 타 대학 여대생과 교복 입은 숙대생은 그 이미지나 분위기가 확연히 달랐다.

그때 그 시절 한국인의 가치관은 근검절약이 미덕이고 생활지표였기에, 전통을 중시하거나 보수적이었던 어른들은 숙대생의 교복 착용에 긍정적인 반응을 보이기도 했단다. 어쨌든 우리에게 긍지와 자부심을 심어주었던 교복 착용은 4·19혁명 후 민주화 운동의 영향으로 완화되다가 몇 년 후 자유화되었다. 교복 착용의 전통이 변환기를 맞이하던 때 학창 시절을 보낸 나는 교복 차림의 그때 친구들이 그리움으로 다가온다.

내가 입학할 때 숙대 가정학과는 문리과대학 이학부에 속했고 입학 정원이 200명이었다. 인원이 많아 2학년 실험, 실습 시간엔 분반에 또 분반을 해 가며 수업했고, 3학년이 될 때 자기 적성과 진로를 생각해 가정관리학, 의류학, 식품영양학 중에서 전공을 선택하였다. 그 당시 전공 분리제도는 전국에서 유일했다. 1963년 나는 문리과대학 학장상을 수상하며 졸업했다. 문리과 대학은 문과대와 이과대로 분리되었다. 가정학과는 1970년 가정대학으로 승격되었고, 위의 전공들은 학과로 분류되었으며 1971년에 아동복지학과가 개설되어 모두 4개 학과가 있다. 시대의 변화 추세에 따라 가정대학은 1999년부터 생활과학대학으로 명칭이 바뀌었다.

나는 졸업과 동시에 교직의 길을 걸었다. 교사와 신구전문대학교에서 근무하면서 석·박사 학위를 밟고 런던과 뉴욕에서 패션 공부를 한 후 숙명적(宿命的)인 인연인지 모교 의류학과 교수로 임용되었다. 석·박사를 포함한 제자들을 많이 배출하였고 다수의 논문과 전문 서적을 저술했다. 강의와 보직을 병행하면서 애교심을 키웠고 한국복식학회 회장과 패션마켓팅 회장과 전국여교수연합회 회장을 비롯해 여러 학회 활동에도 열심히 참여했다. 교직에 있으면서 내가 받은 혜택을 되갚는다는 생각에 사명감과 책임감을 갖고 열성을 다했다. 숙명의 딸로서 모교에서 받은 무한한 은혜를 갚을 수 있다는 생각에 기쁘기도 했다.

내가 새롭게 도약하는 모교의 발전에 작게나마 일익을 담당하면서 얻은 성과는 열성껏 도와준 동료들과 제자들의 헌신적인 사랑 덕분이었다.

숙명을 거쳐 간 제자들이 21세기를 주도하는 리더가 되겠다는 정신으로 사회 어디서나 부드럽지만 당차게 자신의 역할을 수행하고 있는 모습을 볼 때 보람을 느낀다. 숙명의 딸로, 동문으로, 그리고 교수로 살아오면서 만난 수많은 숙명인들과의 인연과 그 사랑에 감사할 따름이다.

나는 어느 때나 어디서나, 그리고 어떤 상황에서든 항상 숙명여대의 창학 정신과 전통을 존중하며 새로운 지식을 탐구하는 숙명인이라는 자부심을 가지고 임했으며 숙명인을 향한 사회구성원들의 선망과 기대를 의식하며 행동했다.

열아홉 나이에 숙명인이 된 내가 꿈같은 세월을 사는 동안 모교는 놀랄 만큼 규모가 커졌고 학생 수도 엄청나게 늘었으며 교육과 행정 및 학생 복지의 질적 향상이 눈부시게 변했다. 현대식 건물들이 들어선 넓은 캠퍼스에서 최신식 기자재로 열심히 공부하는 후배들을 생각하면 청파 언덕을 오르내리던 먼 옛날 교복 차림의 내 모습이 그려진다.

 오늘도 미래 세계를 이끌어 갈 동량지재(棟梁之材)를 키워내기 위해 노력하는 내 사랑 숙명여대의 앞날을 그려보며 행복해한다.

(2020년)

버려진 피아노

　새해 벽두부터 이삿짐 차가 들락날락한다. 입시 철이 끝나자마자 이사 가는 세대와 새로 들어오는 세대로 아파트단지는 어수선하다. 이삿짐 차가 떠나고 난 자리엔 버려진 물건들이 수거함 옆 맨바닥에서 찬바람에 떨고 있다.
　수납장도 스피커 세트도 현대적 스타일의 쓸만한 것들이지만 그중에서도 내 눈을 사로잡은 건 건반을 온통 드러내 놓은 피아노였다. 방금 떠난 식구들과 같은 공간에서 숨 쉬며 누군가의 손길에 의해 각양각색의 소리로 응답해 주던 그 피아노는 그 집 품격을 높여 주는 인테리어의 역할도 했을 것이다.
　주변에 아무도 없기에 선 채로 건반을 두드려 봤다. 요새 많이 쓰이는 플라스틱이 아닌 상아로 보이는 흰 건반은 색도 명료하고 긁힌데 하나 없었다. 검은 건반도 흑단인지 소리도 맑고 질감도 좋았다. 옆에 있던 남편도 건반을 눌러 보더니 추위 속에 속살을 내놓고 있는 피아노가 안쓰러웠던지 뚜껑을 닫았다. 몇 발짝을 떼다가 뒤돌아본 갈색 피아노엔 '영창'이라는 상호가 선명했다.

1950년대에 여학교를 다녔던 나는 학교 음악실에서나 피아노를 볼 수 있었다. 중1 첫 음악 시간에 선생님은 피아노 건반 그림을 칠판에 걸어 놓고 다음 시간까지 똑같이 그려오라는 숙제를 내주셨다. 우리는 피아노 건반이 그려진 도화지를 책상 위에 놓고 음계에 따라 손 연습을 했다.

한국전쟁의 폐허 속에서 배고픈 시대를 겪은 학생 대부분은 음악 시간에야 들어보는 피아노 소리에 가슴을 쓸어내리기도 하고 꿈속을 헤매기도 하면서 신비로운 음감의 매력에 빠져보곤 했었다. 한옥이 많던 우리 동네와는 좀 떨어져 있던 이 층 양옥에서 흘러나오던 피아노 소리는 마치 천상에서 들려오는 듯한 감미로움에 괜히 가슴을 설레기도 했다.

사회가 안정되고 학교도 형편이 좋아졌는지 풍금만 있던 음악실에 피아노 한 대가 더 들어왔다. 양쪽에서 소정의 레슨비를 내면 피아노 레슨도 받을 수 있게 되었다. 레슨 받는 학생들 나름의 배정 시간에 따라 방과 후 한 시간씩 돌아가며 연습했고 토요일이면 음악 선생님에게 레슨을 받았다.

그날은 레슨받는 학생들이 모두 모여 레슨 순번을 기다리곤 했다. 중2부터 시작해 바이엘을 떼고 체르니를 치는 친구가 있었다. 고1이던 나는 그 책을 빌려 여름 방학부터 연습을 했다. 음악실 근처에서 많이 듣던 연습곡이라선지 진도가 빨라 개학하고 얼마 안 돼 체르니로 들어가자 바이엘 교본을 빌려줬던 친구가 왠지 삐져서 한동안 말도 건네지 않았다. 나는 처음부터 피아노 전공은 생각조차 없었고 그저 좋아하는 곡들을 치면서 즐길 마음뿐이었는데 그 친구는 나를 경쟁자로 오해한 것 같았다.

나는 진도를 슬슬 나가면서 〈엘리제를 위하여〉, 〈소녀의 기도〉, 〈은파〉, 〈터키행진곡〉 등의 악보를 구해 연습했다. 요즘은 유치원생도 칠 수 있는 곡들이건만 서양 문화와는 담을 쌓고 살아왔던 그 시절의 나에겐 모든 게 새롭고 경이로웠다.

늦게까지 음악실에 붙어있는 나를 눈여겨보신 고2 담임선생님은 "취미로 피아노를 친다면 나중에도 할 수 있으니 지금은 진학 공부에만 신경 쓰라."면서 걱정해 주셨다. 게다가 피아노에 미쳐 저녁 늦게 들어오고 일요일에도 피아노 친다면서 학교에 가는 내가 걱정되셨는지 아버지는 풍금을 들여 놓으셨다. 피아노를 사긴 어렵기도 했겠지만 그저 지나가는 바람쯤으로 곧 잦아들 걸 아셨던 것 같다. 양발로 페달을 밟아 그 바람으로 소리를 내는 풍금은 피아노와는 소리도 다르고 건반의 수와 터치의 맛이 달라 점점 연습을 등한히 하였다. 가끔 풍금으로 찬송가나 가곡을 쳤다. 대학 1학년 여름 방학땐 피아노과에 다니는 친구한테 레슨을 받기도 했으나 어느 시점부턴가 나는 피아노가 점점 멀게 느껴졌다.

내가 여럿 앞에서 피아노를 연주해본 건 1962년 말 대학교 졸업을 앞두고였다. 4학년 학기말 가정학과는 조선호텔 연회실에서 서양요리 시식회를 가졌다. 의류학, 식품영양학, 가정관리학 전공 학생 200여 명은 김병설 식영과 교수님의 지도를 받으며 식탁에 앉았다. 서양문물이 우리 일상 속으로 들어오기 전이라 서양 음식문화가 생소했고 양식 식당도 드물었던 시절이었다. 김 교수님의 '서양식 정찬 상차림과 식사예절'에 관한 강의와 시범을 보면서 가정과 교수님들과 학생들은 양식 먹는 에티켓 실습을 했다.

식사 후 그냥 헤어지기 섭섭했던지 김 교수님이 무대위의 피아노를 가리키시면서 "누구 나와서 〈소녀의 기도〉를 쳐 보라."고 하셨다. 피아노 좀 친다고 알려진 친구가 피아노 앞에 앉았다가 악보가 없으면 못 친다며 일어섰다. 어느 테이블에서 등 떠밀려 나온 친구가 피아노를 치는가 싶더니 음이탈로 곧 중단해 버렸다.

나는 가슴이 콩닥콩닥거리기 시작했다. 민망스러운 상황에 분위기가 가라앉았을 때 뭣에 홀린 듯 무대로 간 나는 피아노 앞에 앉아 〈소녀의 기도〉를 쳤다. 예상치 못했던 내 연주에 홀 안은 놀라움과 황홀감으로 가득했다. 서빙하던 웨이터들과 직원들이 출입문을 열고 들어와 빙 둘러서서 들었다. 아직 피아노가 우리네 생활권에서 보편화되기 전의 일이었다. 곡이 끝난 후 나는 마이크를 잡고 교수님들께 감사와 존경의 마음을 담아 인사 말씀을 드린 후 그 당시 유행했던 '닐 세다카' 노래인 〈Oh! Carol〉을 불렀다. 친구들도 몇 명 나와 어설프지만 노래와 춤을 추며 흥을 돋구었다. 시식회는 자연스레 졸업 축하연으로 이어졌고 그 날의 해프닝은 우리 동기들에겐 잊지 못할 추억을 안겨 주었다.

선생이 된 나는 공휴일에 일직이 돌아오면 틈을 내 빈 음악실에 들어가 피아노를 치곤 했다. 요즘도 잠이 쉬 안들 땐 저절로 그 곡들이 떠오르면서 무의식중에 손가락을 놀리곤 한다.

지금 우리는 공급이 수요를 앞서는 대량생산의 무한경쟁 사회에 살고 있다. 일상생활을 더 편리하고 행복하게 영위하기에 필요한 물건들은 시대와 환경과 생활 수준에 따라 향상되고 새로움에의 욕구가 상승하면서 상공업의 발달로 이어진다.

오늘 버려진 피아노를 보면서 피아노가 귀하게 대접받고 사랑받던 옛 시절이 떠올라 격세지감을 느낀다. 어디 피아노뿐이랴. 멀쩡한 가구나 고급 의류제품, 장신구들도 마구 버려지는 이 세대가 지나면 다음 세대엔 또 어떤 현상이 나타날까. 그 피아노가 누군가의 집에 들어앉아 다시 감미로운 소리로 그 집 사람들을 행복하게 해준다면 얼마나 좋을까.

맨바닥에 버려져 찬바람에 떨고 있는 그 피아노의 소리 없는 한숨 소리가 귓전을 맴돈다.

(2024년)

박수 치며 살래

 싱그러운 오월이다. 어버이날이라며 모인 자리엔 빨강, 분홍색 카네이션 꽃다발도 함께 웃고 있다.
 직장과 군복무와 아르바이트 등으로 바쁜 손주들 넷이 빠지고 열 명이 모였다. 벌써 1학기 중간고사를 끝냈다는 대학 새내기 외손녀가 들어오자 둘째 아들이 "어쩜 너는 네 엄마의 어렸을 적 모습과 똑같니? 둘이 신기하게 닮았네."라고 해 다들 웃었다. 제 엄마를 보면서 웃고 있는 외손녀는 청초하면서도 화사하게 빛났다. 내가 봐도 이목구비는 물론 피부색, 머릿결, 말투, 표정까지도 어멈과 판박이다. 외손녀의 웃는 얼굴에서 올해 쉰이 된 딸의 옛 모습이 떠오른다.
 가정과 직장을 양립하면서 정신없이 두 녀석을 키우다 1975년 둘째가 여덟 살이 되던 해에 딸을 낳았다. 개구쟁이 아들놈 둘은 깨금발을 하고 조심스레 걸어와 아기를 들여다 보곤 했다. 사내

아이들 키울 때와 달리 연한 피부에 고운 색깔의 옷과 장난감만으로도 집안이 환해졌다. 당연히 식구들의 사랑을 독차지했다. 조용조용한 몸놀림과 귀여운 표정으로 예쁜 짓도 많이 하고 애교도 많이 부려선지 제 아빠의 귀가시간은 빨라졌다.

딸이 네 살 때 런던에서 뮤지컬 영화 〈그리스(Grease)〉를 보고 난 며칠 후였다. 저녁을 먹고 TV를 보다가 딸애가 갑자기 내복 차림으로 냉큼 일어나더니 존 트라볼타가 부른 〈써머 나이트(Summer Nights)〉의 "텔미 모어 텔미 모어(Tell me more, tell me more)"를 따라 부르며 신나게 손짓 몸짓까지 흉내 내며 노래를 불렀다. 어떻게 한번 본 영화를 기억하고 그런 퍼포먼스를 펼쳤는지 식구 모두가 놀라며 웃어댔다. 가끔 나는 딸에게 여러 모양의 색색의 옷을 갈아입히고 가방을 들려 틈만 나면 데리고 다니며 행복해했다.

귀국해 딸이 여섯 살이 되자 동네 피아노 학원엘 보냈다. 그때 선생님이 잘 친다는 소리에 들여 놓은 것이 영창 피아노였다. 우리나라가 1950년대 말 순수 국내기술로 출시한 영창피아노는 삼익피아노와 함께 1970년대부터 피아노 교습 열풍을 일으켰다. 80년대에 들어와선 주택가 골목마다 아파트 길목 곳곳에 피아노 교습소가 늘어섰고 일반가정에서도 피아노를 들여놓는 게 유행이던 시절이었다. 조기 교육의 양상이 영어나 컴퓨터 등이 대세인 지금과는 달리 그때는 취학 전 여자아이들은 피아노를 배우는 게 보편적이었다.

딸은 초등 3학년이 되자 학원가 주최의 발표회나 경연대회에 나가면 상을 받아 오곤 했다. 그러다 딸애가 5학년이 되었을 때 남편이 뉴욕에서 근무하게 되었다. 학원 선생님은 피아노 재능이 남다른 것 같아 큰스승을 찾아보라고 말하려던 참이었는데 잘된 일이라면서 뉴욕에서 꼭 피아노 소질을 키워주라며 당부했다.

뉴욕에 가자마자 여름 방학을 맞은 딸애는 그 지역에서 실시했던 한 경연대회에 나가 우수상을 받았다. 심사위원들이 별 다섯을 표시한 장문의 심사평을 내주면서 나이에 비해 터치가 정확하고 테크닉과 감정표현이 뛰어나다면서 몇 년 후의 신예 피아니스트를 기대하겠다며 호평을 해주었다. 그곳 음악학교 볼크하우센(D. Volckhausen) 교수에게 매주 토요일마다 레슨을 받았다. 딸은 스카스데일(Scarsdale)에 있는 폭스 메도우(Fox Meadow) 초등학교에 다니면서 학예회 땐 으레 피아노 연주를 도맡아 했고 지역 한인교회 행사 땐 피아노 연주 봉사를 했다.

3년 반 후 귀국한 우리 집 거실엔 뉴욕에서 가져 온 독일제 피아노와 먼저 있던 영창 피아노가 나란히 놓이게 되었다. 공간이 부족한 탓에 딸애가 많이 쳐서 익숙하다고 하는 피아노를 놔두고 부득이 영창 피아노는 이웃에게 줬다.

중 3에 전학한 딸애는 그동안 못 배운 과목 보충수업에 시간을 빼앗기게 되니 피아노 연습량이 줄 수밖에 없었다. 그런데도 가을 교내 학예회 때 반대표로 나갔던 피아노 연주를 들은 음악 선생님이 피아노 전공을 권하기도 했으나 피아노 연습에 질린 딸은 학원에 앉아 공부하는 게 편하다면서 피아노를 점점 멀리하기 시작했다.

딸애가 고등학생이 되자 내 고민이 깊어졌다. 정말 피아노에 소질이 있다면 그 재능을 키워주는 게 부모의 도리가 아닌가 싶어 모 음대 피아노 교수에게 테스트를 받아 보기로 했다.

그 교수도 딸의 재능을 인정해 주며 "네가 좋아한다면 전공하길 바란다."고 했다. 그러면서 "예쁜 드레스를 입고 연주 하고 난 후에 관중들의 박수갈채를 받을 땐 가슴 벅차고 행복한 기분이 넘친다."라면서 "꾸준한 노력과 연습으로 네가 갖고 있는 재능을 살려 무대에서 아름다운 곡을 연주해 너도 행복하고 남들에게도 감동을 줄 수 있다면 얼마나 멋지고 가치 있는 일이겠니."라고도 하셨다. 딸애는 작은 목소리로 "저는 무대에서 관중들의 박수를 받는 것보단 관중석에 앉아 아름다운 곡을 들으며 박수 치는 사람이 되고 싶어요."라고 했다. 한동안 정적이 흘렀다. 그리곤 눈물을 흘렸다.

그 교수는 "대부분의 부모들은 피아노를 전공하겠다는 자식들

요청에 못 이겨 뒷바라지하는 경우가 많은 데 피아노는 타고난 재능에 대한 믿음과 창의적 호기심과 집중력과 열정이 수반되어야만 한다. 무엇보다도 본인이 좋아해야만 행복할 수 있으니 잘 생각해 보라."고 하셨다. 결국 딸애는 피아노를 접고 다른 길을 선택했다.

그 피아노는 딸이 결혼할 때 실려 보냈다. 딸은 제 남매에게 피아노를 가르쳐 봤으나 흥미를 보이지 않자 자리만 차지한다면서 버릴까 한다기에 "내가 칠 테니 그 피아노를 우리 집으로 보내라."고 하자. 딸은 "엄마가 언제 치려고요." 했다. 그 말에 피아노 앞에 앉아 있는 엄마를 본 적이 없었을 테니 그럴 만도 하겠다는 생각에 웃고 말았다.

딸은 자기 애들이나 가르치는 학생들이나 친지들의 일상에서 일어나는 좋은 일을 찾아내 축하의 박수를 치면서 살고 있다. 그 박수를 칠 때 나오는 힘과 감탄사는 박수를 받는 사람은 물론 그 주변의 사람들에게까지도 선한 영향력으로 모두를 행복하게 한다.

사람들로부터 박수받기보다는 박수 치며 사는 것이 나름 보람된 삶임을 이젠 알 것 같다.

(2025년)

대학인의 의사표시와 대학 언론

　한 사회의 문화적 수준을 측정하는 데에는 여러 가지의 척도가 있다. 그중의 하나로 그 사회를 이끌어나가는 과정에 대해 그 사회의 구성원이 의사표시를 얼마나 자유롭게 할 수 있으며 그것이 어떻게 반영되는가 하는 것이 중요한 기준이 된다.
　민주주의란 국민의 자유와 권리를 보장하는데 최우선을 두고 있으며 이런 자유민주주의적인 사고방식은 정치뿐 아니라 경제 문화 사회 교육 등 우리 생활 전반에 걸쳐 그 운영 방식에 반영되고 있다. 물론 대학도 예외는 아니다. 아니 대학이야말로 민주주의적 운영 방식을 취한 역사가 그 어떤 사회집단보다 유수하다고 볼 수 있다. 대학에서의 학문 연구와 인식의 자유는 그냥 주어진 것이 아니고 대학인들이 정치와 사회의 지도자와 조율해 가며 스스로 획득해 낸 것이다. 대학의 자율성, 학문의 자율성은 이렇게 대학인이 스스로 지켜왔다. 지난날엔 대학 캠퍼스 구내에서 사건이 발생하면 대학 총장이 주축이 되어 처리하는 등 정치권력이 미치지 않는 치외법권의 시대도 있었다. 그것은 대학에게 맡겨도 스스로 처리할 수 있다고 인정하는 지성에 대한 권한 부여였다.

지금은 대학이 창립할 때의 교육 목표와 이념과는 너무나도 거리가 있다. 물론 사회가 변했으니 대학도 변화된 사회관과 역사관에 부응해 그에 맞는 이념을 가져야겠으나 대학이 영원히 잃지 않고 간직해야 할 본질은 지켜나가야 한다. 인간의 가장 기본적인 욕구를 절제하면서 개인의 희생을 통해 자기 의사를 사회에 알리는 것이 요즈음 우리 사회에서 통용되는 의사 표현의 한 방법이다.

학생, 교수, 교직원은 자기에게 주어진 직분이 공부하는 것인가, 가르치고 연구하는 것인가, 행정에 임하는 것인가에 대한 역할을 명확히 인식하고 그 일을 더욱 잘 수행하기 위해 어떤 개선을 요구할 땐 가장 대학인다운 방법으로 대처하여야 한다. 대학인은 사회와 역사에 대해서는 가장 치열한 인식을 가져야 한다. 그러면서 진리의 수호자라는 측면에서 대학은 이 사회의 논리가 아닌 문화와 운영 방침이 통용되는 지역으로 남아야 한다. 여기서 대학 구성원의 의사를 반영하는 대학 언론의 당위성이 대두된다.

현대사회에서 언론이란 제4의 권력기관이라고 불릴 만큼 막강한 영향력을 행사하는 기구로 자리 잡고 있다. 수많은 신문과 잡지 등 활자매체나 우리가 숨 쉬고 있는 공간을 종횡으로 메꾸고 있는 전파 매체들의 영향력과 그것이 생활에 미치는 파급효과를 생각하면 현대인은 언론을 호흡하고 산다는 비유가 지나치지 않다고 생각한다. 이렇게 질적, 양적으로나 심리적으로 현대인을 사로잡고 있는 언론의 위력에 대해서 비판과 우려의 시선이 끊이지 않는 것은 당연한 일이다. 어떤 권력에 의해 개인이 피해를 입게 될 때 대부분의 경우 구제받기가 힘들다. 권력의 속성이 자신의 잘못을 드러내려 하지 않고 개인의 당위성을 증명하기도 쉽지 않기 때문이다.

언론은 이럴 때 대부분 피해받는 자를 옳다고 여겨지는 입장에서 그들의 권익을 옹호하려는 자세를 취해왔고 그래서 국민의 기대와 관심 속에서 성장해 올 수 있었다. 그러나 언론기구가 비대해질수록 자체의 부조리와 모순이 생기고 현대의 정보화 사회에서는 경쟁적인 측면을 중시하게 되어 애초 언론이 표방했던 명분이 퇴색한 채 하나의 기업으로 운영되어지는 경향을 보인다.

그래서 공정성과 윤리성, 오락성의 시비가 끊이질 않는다. 그러나 이러한 사회적 논란은 끊임없이 언론을 감시하고 언론을 각성시키며 정화시키는 기능을 담당해 왔다는 것이 사회적인 중론이다.

  대학 내의 언론도 일반사회의 그것과 기본적 기능은 다를 바 없으나 대학 사회의 특수성을 반영해야 한다. 그래서 대학신문은 창간 당시 대학의 아카데미즘과 언론의 저널리즘을 조화시키는 것을 표방해 왔다.

  우리나라에서 대학신문이 발간되기 시작하던 1950년대부터 이 지침은 대학신문 편집 방향의 시금석처럼 여겨졌다. 그러나 1960년대부터 70~80년대를 지나면서 사회·정치적으로 전도되는 경향을 보이더니 90년대에 이르러서는 하나의 단일한 시점, 즉 진보 혹은 급진 개혁적 시각으로 사회와 문화의 제 현상을 파악하려는 성향을 보인다. 대학신문의 이러한 추세는 사회 분위기가 반영된 피할 수 없는 점에 있다고 하나 대학 언론이 애초에 표방한 명분을 잊고 보수와 진보의 시각을 조화시키지 못한 데 대한 아쉬움도 있다.

  우리의 정신적 호흡이라고 할 수 있는 언론은 온갖 정보나 뉴스로 우리에게 긍정적인 가치관을 제공한다. 대학 언론이 미래지향적인 사고를 고무시키는 것과 대안 없는 현실 비판으로 대학 구성원의 불만과 사기 저하를 조장시키는 기능으로 나누어진다면 우리 대학인은 어떤 역할을 기대할 것인가.

  모든 대학인의 시선은 자기가 속한 대학신문의 뉴스 전달자이면서 감시자로서 그 대학교의 발전에 중요한 힘의 원천이다. 대학신문은 새로운 학원 문화의 창출자이면서 그 대학 특유의 전통과 문화의 수호자이기도 하다.

  우리 대학인들은 자기에게 주어진 직분이 무엇인가를 겸허한 마음으로 진지하게 생각해 보아야겠다.

(1993년 숙대신보 주간)

제2 창학과 학생문화

1995년 2월 22일 힐튼호텔의 교내외 숙명 구성원들과 내빈들 앞에서 이경숙 총장은 세계화, 정보화, 개방화, 민족화라는 네 단어로 함축한 숙명 제2 창학을 선포하고 100주년을 맞는 2006년을 겨냥한 숙명 장기발전계획을 발표하였다.

지금 국정운영을 비롯한 여러 분야에 적용되고 있는 이 말은 새로운 밀레니엄의 시대에 이 나라 이 민족의 나아갈 바를 지침하는 시금석이 되었지만, 그 당시에는 생소하리만큼 새로운 지표였다.

비장한 각오로 결집된 숙명 제2 창학에 대한 비전 제시는 숙명인의 가슴을 뜨겁게 달구었고, 숙명을 세계 속의 명문여자대학교로 발전시키겠다는 꿈으로 전 숙명인을 함께 뭉치게 하는 계기가 되었다. 그 당시 우리 대학이 처했던 상황에서는 좀 거창한 감이 들었던 1,000억 성금 모금 및 외적, 내적인 변화와 성장이 기대 이상으로 이루어지거나 더 좋은 방향으로 진전되어 기적적인 성과를 나타냈고 학교 위상도 크게 높아졌다. 이와 같은 변화는 학교 발전에 참여한 교원들과 동문들의 헌신적인 지지와 사회 각처의 후원 등이 있었지만 이경숙 총장의 대학발전 비전과 강력한 리더십에 기인했다고 본다.

내가 학생처장을 맡고 있던 1994년, 일부 대학의 학생들은 이념 운동에 크게 좌지우지되고 있었으며 학생활동의 본산인 학생회는 학생과 지도 선생님들과 충돌하며 갈등을 되풀이하고 있었다. 그 당시 전국 대학학생회 조직에서 학생운동을 적극적으로 계획하고 주도하는 극소수의 한총련 운동권 학생들은 제반 질서 및 체제의 반대 입장에 동참하였고 기존 제도를 부정하는 경향이 있었으며 이러한 행동은 합법적이지 못하고 과격한 성향을 띠는 경우도 종종 있었다.

1994년 서강대 박홍 총장이 한총련을 이적단체로 규정하고 이들의 자금이 북한을 이롭게 하는데 쓰이고 있다는 발언이 나왔을 때 사회는 파문이 일었고 대학들은 경악했다. 일부 대학들이 학생회의 힘에 이끌려 좌충우돌하면서 어려움에 봉착하게 되었으나 우리 대학은 학칙에 위반된 학생회는 인정치 않고 모든 행정을 학칙대로 처리했다. 원칙을 지킨다는 것은 기본적이고 당연한 것인데도 그 당시 상황에서는 매우 어려운 일이었다.

  1994년 5월 청파은혜제를 신설하고 부모님들을 초대하여 학교 발전과 교육환경 개선에 관한 토론의 장을 벌이고 어머니와 딸, 아버지와 딸이 함께 모여 노래를 부르고 교수님들도 함께 장기자랑에 동참함으로써 일체감과 숙명사랑 정신을 고취하였다.

  1990년대 초 내가 숙대신보사 주간으로 있을 때의 일이다. 학생회 임원 중 좀 강경했던 운동권 학생들과 숙대신보 기자들은 편집주간인 나와 특정 시사문제 기사가 뜰 때마다 마찰을 빚곤했다. 그러나 마음을 터놓고 대화를 하다 보면 숙명사랑이란 공감대가 형성되면서 좋은 방향으로 의기투합하곤 했다.

  1996년 여름 전국 한총련 연세대 점거 사태가 있고 난 뒤 일반 시민들과 다수의 학생들이 학생운동을 외면하고 질타하는 경향을 보이기도 했다.

  우리 대학은 학생회 및 기타 학생조직의 체질을 전면 쇄신하고 건전한 학생단체로 탈바꿈하여 신대학문화가 창달되도록 노력했다. 학생들과 학부모들과의 긴 면담을 통해 그들의 고뇌와 갈등을 발전적인 대화로 풀어나가면서 숙명인으로 만난 인연에 감사함과 사명감을 갖고 학업에 집중하도록 했다. 이런 과정을 거치면서 학생처에서는 보람된 일도 많았다.

  1997년 청파은혜제 때에는 결혼식을 못 올리고 사신 부모님들을 초청하여 학부모님과 학생들이 지켜보는 가운데 이경숙 총장님의 주례로 결혼식을 올려드렸던 일도 큰 감동으로 남아있다.

청파은혜제는 숙명의 딸들이 부모님의 사랑과 은혜에 대한 감사를 전하고 딸들의 교육을 믿고 맡겨주신 학부모님께 드리는 우리 대학교 교직원 모두의 감사제이다. 아울러 만 20세를 맞이하는 학생들의 성년례를 통해 효와 예, 봉사와 섬김의 문화를 실천하는 열린 마음의 자리이기도 했다. 총장님 이하 교무위원을 비롯한 교수들도 모든 권위를 벗어 버리고 학부모님들께 감사의 뜻으로 재롱잔치를 선보였다. 학부모님들도 딸들과 함께 장기 자랑을 펼치면서 숙명인으로의 귀한 만남에 감사함과 숙명 사랑을 다시 확인하는 날이 되었다.

스승의 날에 학생들이 학부모님이나 교수님의 은혜에 감사함을 표하는 뜻에서 펼치던 장기자랑에 이어 총장님과 교수들도 노래 자랑이나 춤으로 학부모님과 학생들의 은혜에 감사함을 표하는 퍼포먼스를 보면서 숙명사랑의 새로운 대학문화의 정수를 실감했다. 변하는 세상에서 새로운 학생문화가 형성되고 있다.

『청파골 사람들』 2005년)

학생복지 중심 대학

학생처장을 연임하게 된 1996년은 이경숙 총장의 숙명 제2 창학정신인 건전하고 교양 있는 문화인, 투철한 직업관과 전문성을 겸비한 직업인, 세계화 시대에 걸맞은 국제전문가를 양산하는 것이었다.

학생처는 전체 학생들의 관심과 참여를 끌어내기 위해 많은 노력을 했다. 1996년 창학 90주년 기념사업으로 전시회, 학술행사, 출판 등 총 53개나 되는 기념행사를 진행하였다.

그중 뜻깊은 것은 기존의 장학제도 이외에 숙명 제2 창학 특선 장학생, 어학연수 장학생 선발 및 해외문화 탐방단을 파견 지원한 것이었다. 창학 90주년 기념으로 항공료 및 연수비용을 전액 지원하여 90명의 학생과 몇 분의 교직원을 선발하여 5주간 미국의 아메리칸대학교, 캐나다의 요크대학교에서 어학연수와 문화탐방을 시켰다. 이를 통해 학생들은 상대국 간의 문화를 서로 알리고 익히는 문화사절단으로서의 유익한 경험을 쌓을 수 있었다. 1996년 아메리칸대학교에서의 대단위 어학연수는 그 후로도 계속되다가 2001년부턴 복수학위제 실시의 계기가 되었다.

1997년도엔 학생 74명과 교직원 몇 분을 포함해 해외 연수 장학생들을 배출했으며 그 제도는 간헐적으로 계속되고 있다. 또한 석·박사 과정을 밟고 있는 숙대 출신 유학생들에게 숙명제2창학 장학금을 지원해 국제무대에서 활약할 고급인력 양성을 위해 노력하였다.

숙명창학 90주년 기념행사 중의 하나였던 〈열린 음악회〉에서도 기억에 남는 일이 있다. 그 당시 이 프로는 유치하려는 기관들이 많아 2년분이나 예약되어 있을 정도로 인기 절정이었다. 그런데 민족여성사학 숙명의 창학 90주년이란 의미를 충분히 인식한 KBS는 숙명 특집을 편성해 주었고 우리 대학과 자매결연 관계인 전쟁기념관에서 〈열린음악회〉가 열렸다.

방송의 효과는 역시 대단했다. 조선왕조 말 순헌황후가 내놓은 기금으로 창립되었다는 것을 처음 알았다는 반응에서부터 제2 창학의 취지에 공감하여 후원하겠다는 개인과 기업체가 줄지어 나타났다. 녹화가 끝날 무렵 비가 내리는데도 참가 학생들은 끝까지 흐트러지지 않은 채 자리를 지켰고 뒷정리까지 묵묵히 해냈다. 누가 시킨 것도 아닌데 학생들이 그렇게 할 수 있었던 것이 바로 숙명의 힘이요 정신이라고 생각한다.

학생 중심 섬김 문화의 효시는 1997년 본관 로비에 one-stop service 센터를 개설한 것이다. 이것은 한자리에서 250여 종의 학사업무와 정보를 처리할 수 있는 제도로 최선의 서비스 정신의 발로요, 정보의 생활화를 실천한 첨단 학생문화의 본보기였다.

그 후 1996년 사회봉사실이 생기고 사회봉사 교과목도 개설되었다. 지식과 정보가 최우선의 가치로 여겨지는 사회에 따뜻한 인간의 정신을 잃지 않는 섬김의 문화는 봉사라는 형태로 구체화하여 나타났다.

우리 대학은 전국 대학 중에서 사회봉사 실천 대학으로 인정받게 되었으며 두레 봉사단을 발족하여 현대사회에서 도움의 손길을 기다리는 곳을 섬김의 정신으로 보살피고 있다. 이 섬김 문화는 학생들이 어려운 이웃들에게 도움을 주는 기쁨을 배우고 근로와 질서의 미학을 터득하며 미래의 지도자로서 소양을 쌓아가고 있는 새로운 학생문화 창달의 효시가 되었다.

나는 학생처장으로 연임하는 4년 동안 학생처 직원들의 헌신적인 봉사와 희생정신에 감탄하곤 했다. 인내심을 갖고 사랑으로 지도하던 학생지도 선생님들과 취업과 장학 관련 업무를 위해 전력투구하시던 선생님들의 노고에 다시 한번 감사를 드린다.

『청파골 사람들』 2000년 5월)

숙명, 21세기를 주도한 동량

내가 대학원장으로 부임하던 2002년 3월은 수차례의 대학원 자체 점검을 통해 학사 운영 개선과 새로운 서비스 개발에 분주하던 시점이었다.

나는 21세기를 주도할 능력 있는 여성 지도자 양성과 수요자 중심의 교육환경 구축을 최우선으로 하여 입시제도 개선과 대학원 운영 평가를 위한 방안을 모색했다. 그러면서 대학원 홈페이지를 통한 홍보와 졸업생 인트라넷 구축, 취업 정보 제공 등에도 주력하고자 했다.

입시에 대한 홍보를 강화하였고 박사 과정 지원 자격도 학과 제한 없이 지원할 수 있도록 문호를 개방했다. 무엇보다도 우수한 인재를 양성해 획기적인 연구성과를 내는 것이 최선책이라고 생각했다.

대학원 교육의 확대는 꾸준히 이루어져 왔지만 대학원의 입시

체제는 학부와는 다른 것이었다. 우리 학교의 역사와 명성에만 의존하기보다 적극적으로 우수한 학생을 유치하기 위한 방안으로 5년제 학사·석사 연계 과정을 시행하였다. 이것은 조기 졸업자를 대상으로 학부 4년, 대학원 석사 2년을 5년 이내에 이수할 수 있도록 하는 것으로 수업 연한이 단축되어 우수한 인재를 조기에 배출해 낼 수 있다.

또한 석사·박사 과정에도 편입 제도를 신설하여, 원하는 사람은 누구나 새로운 전공을 연구할 수 있도록 했다. 아울러 외국어 능력 향상을 위해 외국어 평가시험제를 도입했다. 외국어 실력의 체계적인 향상을 위해 국제 언어교육원과 연계하여 영어와 제2외국어 강의를 들으며 실력을 향상시킬 수 있도록 했다. 이 밖에도 논술 능력을 강화하고 논문 지도를 강화시킬 수 있는 방안도 제시하였다.

한편 숙명문화재단으로부터 장학금을 지원받아 중국, 베트남 등 아시아 지역의 장학생을 선발하여 숙명여자대학교 대학원 학위를 취득한 후 본국에 돌아가 교수나 전문 요원으로 활약할 수 있도록 길을 열어주었다.

유학생 간담회를 주기적으로 열어 유학생의 학업 및 유학 생활 전반에 대한 의견을 수렴하여 학업성취를 돕고자 했으며 유학생들의 네트워크로 활용하도록 했다.

또한 수요자 중심의 행정 시스템 구축으로 고객만족도 조사 시스템을 도입해 교수 및 학생들을 대상으로 학기별로 수렴한 여론을 업무에 반영했으며 학사 모니터 제도화를 위해 학위 취득 과정에 대한 one-stop service 시스템을 도입하였다.

전산 정보시스템을 강화하여 인트라넷 시스템을 수요자 중심의 정보 서비스를 제공하도록 하고 전자금융을 활용하여 수험료를 납부하는 등 수요자 편의를 최대한 배려했다. 이와 함께 학생을 위한 서비스 업무를 표준화하고 학생들의 휴식과 문화생활을 위한 공간을 확보하는 등 수요자 중심의 행정편의를 도모코자 노력했다.

2002년에는 대학원의 비전에 부응하여 석사과정에 멀티미디어학과가 신설되고 2003년에는 문화관광학과를 개설했다. 이것은 21세기 정보통신의 주역이 될 여성이 부가가치가 높은 문화와 관광산업에 대비해 전문 여성인력을 배출하려는 의지의 일환이었다. 음악대학원 박사 과정에 음악치료 과정을 신설해 우리나라에서 최초로 우수한 음악치료학 박사를 양성하고 있다.

2002년 11월 대학원 총학생회를 구성한 것도 큰 의미를 가진다. 2년 동안 학생회가 구성되지 않아 학생 지원 업무에 애로가 많았는데 선거로 학생회를 구성하여 대학원 신문과 『원우회 논총』을 발간하는 등 학생회 활동의 지원 체제를 강화했다.

2003년엔 박사학위 수여자로 추천을 받아 대학원에 상정된 세 분의 후보를 대학원위원회의 심의를 거쳐 통과시킨 후 명예박사 학위 수여자로 결정했다. 그들은 명예박사학위를 수여받고 자랑스러운 숙명인이 되었다.

2월에는 르 꼬르동 블루의 André J. Cointreau 회장에게 명예경영학 박사학위를 수여하였다. 앙드레 꾸엥트로 씨는 프랑스의 꾸엥트로 리쾨르와 레미 마르땡 꼬냑 가문의 계승자로 프랑스의 전통 요리학교인 꼬르동 블루의 회장으로 재임하며 전 세계에 12개국 22개 학교를 설립하고 이들을 네트워킹시킴으로써 프랑스의 요리뿐만 아니라 문화 학술 및 기술 발전과 국가 교류에 기여한 분이다.

꼬르동 블루는 요리뿐 아니라 요리도구, 액세서리, 요리책, 테이블 웨어, 요리비디오, 미식가용 상품 등 요리에 관한 상품개발과 브랜드를 이용한 카페, 제과점 등을 경영하여 문화상품의 개발과 실용의 모범을 제시한 공로가 높이 평가되었다.

우리나라에서 최초로 제2 창학 캠퍼스에 개설한 숙명 꼬르동 블루 아카데미는 프랑스 요리문화를 교육하고 문화상품개발에 기여하는 과정으로 파리 본교와 동일한 졸업장이 수여된다.

4월에는 미국에서 Lighthouse Worldwide Solutions를 경영하는 김태연 회장에게 명예경영학 박사학위가 수여되었다. 김태연 회

장은 한국전쟁 후 어려운 현실을 벗어나기 위해 도미하여 태권도 사범으로 소프트웨어 개발 회사의 전문경영인으로 미국 내에서 성공한 기업인일 뿐만 아니라 미국 사회에서 소외받고 방황하는 젊은이들을 선도하는 사회사업가로 널리 알려진 분이다.

김 회장은 지역 건강센터, 지역학교에 건강 프로그램을 지원하고 장학금 지원, 보호 프로그램 운영 등의 사회사업을 하고 있으며 성공한 여성상, 올해의 여성상 등을 수상한 경력이 있다. 여성 차별이 심하던 시대, 이를 극복하여 성공을 이뤄냈을 뿐 아니라 지속적인 사회봉사와 기여를 통해 지식과 능력이 사회로 환원되는 모범을 보여주고 있다.

또한 9월에는 중화민국 친민당 쑹추이 주석에게 명예국제정치학 박사학위를 수여했다. 쑹추이 주석은 2000년 대만 총통선거에서 현 총통인 천수빈과 최종까지 경합한 분으로 국민의 지지가 두터운 정치인이자 학자이다. 우리나라와 중화민국과의 관계 확대와 문화, 학술교류에 기여하였으며 앞으로도 더 큰 협력을 이뤄낼 것으로 기대된다.

지금 생각해 봐도 숙명 제2 창학 선포 이후 대학원에서 일궈낸 특별하고 의미 있는 연구업적들은 숙명인들의 기원과 축복 속에 낳은 기적들로 대학가의 신화로 이어지고 있다. 숙명은 다시 태어났으며 날로 새로워지고 있다. 대학원 구성원들은 그 어느 때보다 확실한 비전과 결속을 다지고 있으며 최선을 다해 헌신할 마음을 갖고 있다. 정보화시대를 넘어 무섭게 변하는 학문의 세계를 개척하고 21세기를 주도할 동량지재(棟梁之材)를 많이 배출하는 대학원의 내일을 기대한다.

『청파골 사람들 2』 2005년 2월

5.
은은한 향처럼

가정대학 60주년의 소회

은은한 향처럼

가을 숲을 걸으며

생동의 시절

조용하고 부드러운 품격의 저력을 배운다

오페라의 마지막 에필로그 막은 올랐습니다

훈훈한 인간미

이선재 교수님을 기리며

교수님과의 소중한 인연에 감사드리며

가정대학 60주년의 소회

대학을 졸업한 지 60년이 되는 해이다.

60년은 꽤 긴 기간을 뜻하며 다이아몬드회년이라고도 한다. 기대 수명이 늘어나기 전의 60세는 환갑 또는 회갑이라고도 해 장수라는 놀라운 은혜를 축하하는 해였다. 2023년 11월 말 구부정한 팔십 중반의 대학 동기 몇몇이 모여 조촐하고 오붓한 오찬을 즐기면서 졸업 60주년을 축하했다. 졸업하는 해에 바로 결혼한 친구가 "지난봄 애들 성화에 못 이겨 회혼례를 했다."라고 말하는 주름진 얼굴 위로 60년 전 아름다웠을 결혼식 때의 신부 모습이 겹쳐지며 새삼 세월의 무상함에 허허로워졌다.

학교 재임 시 가정대학 학장 발령을 받던 1998년 2월 말, 나는 21세기를 선도할 첨단 생활과학의 학문적 가치와 미래 시대를 선도할 역량 있는 지도자를 육성하는데 주력하리라 다짐했다. 마침 그 해가 가정대학 60주년이라는 생각이 뇌리에 스치면서 졸업생

으로서의 사명감이 더해졌다.

　1906년 5월 조선왕조 말 고종황제의 귀비였던 순헌황후는 민족적 여성 지도자를 양성하는 여성 교육기관으로 명신여학교를 창립했고 3년 후 숙명고등여학교로 개칭했다. 숙명학원 창립 32년만인 1938년 12월 재단법인 숙명학원은 숙명여자전문대학을 창설하여 3년제 가정과와 기예과 각각 40명, 그리고 1년제 전수과 50명을 정원으로 신입생을 모집했다. 한국인과 일본인 반반씩을 선발해 출범한 숙명여자전문대학이 숙명여자대학교의 모태이자 숙명 정신의 발아점이다.

　여성 교육의 새로운 뜻을 펼치는 그 순간부터 이 땅에 가정학이란 학문을 탄생시키고 정착한 가정대학은 한국의 현대화를 주도하며 사회와 시대의 변천과 함께 문화와 의식구조 및 생활양식의 변화와 생활의 과학화를 이룩하는데 크게 기여한 우리나라 여성계의 귀중한 보고이다.

나는 가정대학의 60년 역사를 되돌아보면서 인간 삶의 질을 향상시켜 모두가 행복한 사회를 형성하는 학문인 가정관리학, 의류학, 식품영양학, 아동복지학과의 분야별 변천 과정과 전문 인력의 지적 및 기술적 자산과 학문적 가치가 세계인들의 생활에 어떤 영향을 미쳤는지를 정리해 보았다. 또한 새천년에 전개될 가정학의 비전과 창조적 연구 방향을 제시하기 위해 4개 학과에서 교수 한 분씩이 참여해 집필한 『가정대학 60년사』를 출간해 재학생들과 졸업생들, 그리고 교직원을 비롯한 관계 인사들에게 배포했고 전국 도서관에도 배송했다.

1998년 10월 29일 중강당에서 학장의 인사말로 시작해 가정대학 창설 60주년 기념식을 가졌다. 1부에서는 1938년에 입학해 1941년에 졸업한 가정과 1회 졸업생들을 비롯해 반세기 만에 모교를 찾은 일본인 선배 동문 27명을 포함한 동문 400여 명과 재학생들이 다수 참석해 성황을 이루었다.

이경숙 총장의 치사에서 학교 발전을 이루기 위한 숙명여대의 세계화, 정보화, 개방화에 대한 비전과 진취적인 리더쉽과 교육 행정 능력의 탁월함 등이 밝혀져 모교의 밝은 앞날이 내다보였다. 가정대학 동문회장의 연혁 보고에 이어 몇몇 은퇴 교수님들의 격려사가 있었고 학생 대표의 답사가 있었다. 1941년 졸업생인 1회 박현선 선배가 축시를 낭송하였고 문계 총동문회장이 축가를 불렀다. 재학생 대표들은 참석하신 열한 분의 은퇴 교수님들에게 코사지와 순금으로 된 숙대 배지를 달아 드렸다.

2부에서는 가정과 1회 졸업생인 이해남, 그리고 2회 김경진 전 학장과 이영자 선배가 숙전 시절의 회고담을 들려주셨다. 김경진 선배님은 "나라의 운세가 풍랑에서 좌초하는 처지가 되었을 때 장래를 이끌어 갈 동량을 키워 내겠다는 희망을 담아 우수한 학생을 선발해 세운 학교가 숙대이다."라고 하셨다.

일본에서 온 동문들 전원이 무대에 올라 재학 당시 유행했다는 노래를 불렀다. 그중 두 분 선배님이 당시 교복인 감색 재킷에 타이트스커트를 입고 앞으로 나와 우리나라가 광복되던 1945년에 떠난 교정을 다시 거닐어 보게 돼 꿈만 같다면서 초대해 주신 가정대학 동문회와 친구들에게 감사 인사를 했다. 이어서 "1941년 1회 졸업생들이 일본에 '천종회'라는 동창회를 만들어 지금까지 만나고 있다면서 한 번도 청파 교정을 잊은 적이 없다."며 울먹여 장내의 모두를 숙연케 했다. 재학 당시 여름 교복이었다는 흰 블라우스에 얌전하게 묶은 파란색 리본은 날개를 펼치고 꽃 위에 살포시 앉아있는 나비같아 보였다.

초창기 동문들의 회고담을 들으면서 해방 전후의 혼란했던 사회상과 그 당시 숙전의 높은 위상을 상상해 보니 새삼 선배들의 자존감과 자긍심과 건재가 기뻤다.

드디어 60년을 한순간에 뛰어넘은 무대에선 신세대의 발랄한 음악과 춤, 그리고 재치 있는 연예 진행에서 끼와 흥과 재능을 보았다. 무대 위와 관중석이 하나가 되어 강당 안은 뜨거운 열기로 가득 찼다. 60년이라는 시차는 있지만 같은 교정에서 공부했다는 선후배란 인연으로 만나 서로 보듬는 모습이 얼마나 귀하고 아름답든지, 감회가 새로웠다.

『가정대학 60년사』의 출판비와 기념행사 비용 전액은 가정대학 교수들의 갹출금과 외부 찬조금과 의류학과 동문회의 희사금으로 충당하였다.

가정대학 학생회에서도 전공별로 60주년 기념행사를 가졌다. 가정관리학과에서는 10월 30일부터 이틀 동안 연극 〈또 해피엔딩〉을 공연했다. 또한 선후배 동문 간 사랑의 마음을 담아 「새로운 사회와 가정」에 대한 세미나를 열었다.

의류학과가 9월 11일부터 5일간 도울아트타운에서 가졌던 〈가정대학 창설 60주년기념 작품전시회〉는 '셰익스피어의 만남'이란 주제로 생활 속에서 새로운 활력과 에너지를 충족시켜준 축제의

장이었다. 또한 생과 생 사이를 연결하는 심연의 늪인 죽음을 표현한 〈死 이후…〉를 작품으로 구성해 패션쇼를 열었다. 의류학과 대학원 학생들의 〈우리 옷 이야기〉 전시회와 의류학과 동문회에선 FADOS 전시회와 제1회 〈퀼트 전시회〉를 열어 선후배간의 유대를 돈독케 했다.

식품영양학과에서는 「비만과 다이어트」라는 주제로 학술제를 개최한 후 참석자들의 체지방을 무료로 측정해 주고 즉석에서 만든 다이어트 쿠키를 만들어 나눠줘 큰 호응을 받았다.

아동복지학과에서는 〈아이 사랑〉 인형극을 공연하고 사용했던 인형을 일반인에게 공개하는 전시회를 가졌고 「아동상담·심리치료의 세계」를 주제로 60주년 기념 학술대회를 성황리에 개최하여 가정대학의 위상을 높이는데 기여했다.

이번 행사를 통해 재학생, 교수, 동문들의 하나 된 마음과 신뢰는 숙명인의 자존감과 정체성과 결속력을 높여주었다.

가정대학 교수회는 대학가에 불어닥치는 개혁의 바람 속에서 세상을 바꾸고 미래세대를 이끌어 갈 융합적인 첨단생활과학자를 양성하기 위해 1999년부터 생활과학대학으로 개칭하기로 했다. 가정관리학과는 가족자원경영학과로 바꾸기로 했다.

아울러 21세기 실생활에 적용할 수 있는 미래지향적인 학문의 요람으로 앞장서는 경쟁력을 갖추기 위해 4년제의 정규과정 외에 열린 교육과 사회교육, 산학협동의 연계를 통하여 전공별 심화과정과 재교육, 그리고 평생교육 등 전문인 양성 프로그램을 강화했다.

나에게 주어진 이러한 역할에 감사함과 뿌듯함을 넘어 보이지 않는 섭리에 무한한 경외심을 느낄 때가 있다. 내게 분에 넘치는 여러 보직을 12년간이나 맡겨주시고 이를 실현할 수 있는 기회를 주셨던 총장과 주변인들에게 감사할 따름이다. 이건 가족들의 이해와 도움이 있어 이 모든 게 가능했다.

내게 약간의 온유함과 미미하게나마 삶의 지혜가 있다면 그건 사람과의 관계에서 배운 것이다. 항상 남보다 천천히 걷고 나보다 남의 입장에서 생각하고자 했으며 말을 아끼려고 애썼다. 마지막 아날로그 세대랄까, 전통적 가치관을 배우고 실천하는 것이 최선의 미덕이라고 믿고 걸어오면서도 디지털 선도대학에서 21세기형 리더십 양성을 주축으로 하는 비전을 제시하려고 애써왔다.

지금 모교는 놀라운 속도로 변모하며 발전을 거듭해 오고 있다. 오랜만에 『가정대학 60년사』를 꺼내 보니 1998년 모교 중강당에서 가졌던 60주년 기념식 정경이 생생하게 펼쳐진다. 25년 전에 80세쯤이던 숙전 가정학과 1회, 2회 선배님들은 지금 어디에 계실까. 한껏 모양내고 젊음을 뽐내며 함께했던 많은 동문들과 재학생들도 긴 세월의 흐름에 겉모습과 생각은 변했을지 몰라도 모교를 사랑하는 마음은 한결같으리라.

사랑과 기쁨과 감사의 마음으로 맞이했던 가정대학 창설 60주년의 소회를 되짚어보는 내 가슴속으로 그 자리를 빛냈던 모든 인연이 그리움과 고마움으로 다가온다.

(2021년)

은은한 향처럼

바람이 분다. 플라타너스 이파리들이 너울대며 내려앉는다. 잠시 빗방울 뿌린다 싶더니 떨어진 나뭇잎들이 모여 새롭게 꽃으로 피어난다. 노란 은행잎이 오늘따라 유난히 선명하다. 그녀의 노란 머플러가 가을바람을 타고 지나간다. 한 시대를 풍미한 추억들을 불러 모아 자서전을 출간한다는 그녀의 열정이 또 다른 삶을 꿈꾸는 활기찬 희망처럼 들린다.

우리는 생활 속에서 많은 사람을 만난다. 어쩌다 처음 만나는 사람도 있다. 그런 순간마다 상대의 인상과 분위기를 스캔하듯 살피게 되는 것은 나의 오랜 습관이다. 그러다 보면 우연인지 필연인지 묘하게 끌리는 사람이 있다. 미소는 작지만 평안해 보이거나, 감각적 옷매무새와 말마디에 절제와 교양이 우러나면서 자연스레 품격이 느껴지는 사람. 화려한 꽃에서 나는 향기 같으면서도 잘 익은 과일에서 나는 은은한 향처럼 오래도록 곁을 감싸는 사람. 내 일상의 한 지점에 그런 분이 있다.

  그의 고향은 황해도이며 월남(越南) 가족이다. 왜 같은 동포끼리 남과 북으로 나뉘어 전쟁하는지, 1·4 후퇴 때는 고향을 버리고 무엇 때문에 낯선 남쪽으로 피난을 가야 하는지, 철부지 열한 살 소녀는 아무것도 몰랐다고 했다. 그렇게 오 남매는 그냥 부모님 손에 이끌려 겨울 바다와 마주 섰다. 저 어두운 바다를 건널 수 있을지 하는 불안감이 몰려오면 추위는 더 강해졌다. 곁에 부모님이 계신다는 믿음의 안도감이었을까. 어쩌다 겨울 바다를 찾을 때면 그때의 매서운 강바람과 추웠던 기억이 살아나 몸을 움츠리며 으스스 떨었다고 했다. 그들 가족은 연평도를 거쳐 인천으로 피난을 왔다고 했다.
  그의 아버지는 자신의 식솔과 혈육을 지키기 위한 책임감이 유난히 강하셨던 것 같다. 오 남매 자식들 외에도 삼촌과 고모, 조카들이 한집에서 살았다. 먼 친척들까지 수시로 집을 들락거렸다고 하니 아버지의 마음 씀씀이가 어렴풋이 짐작되었다. 그런 복작거리는 환경에서 성장했으니 스스로 문제를 해결하면서 나누고 양보하는 생활이 자연스레 몸에 배어 자랐다.

그가 고교 재학 중일 때 일이다. 여고 시절 서울로 전근가시기 전까지 미술을 가르쳤던 선생님의 개인전에 화환을 들고가 입구에 세워놓는다. 너나없이 어렵던 50년대 말이기도 했지만, 고등학생이 무슨 돈으로 화환을 사서 전시장에 세워 놓을 생각까지 했을까. 선생님은 전시회가 끝나자 풍경화 한 점을 제자의 집까지 가지고 오셨다고 했다. 아마도 스승과 제자 서로에 대한 존경과 존중을 익혔으리라. 그로부터 20여 년후 소공동에서의 전시회에서 그는 정물화 두 점을 샀고 선생님은 전시회가 끝난 후 큰 풍경화 한 점을 또 선물로 주신다. 그 유화 작품들은 그의 성정처럼 평화로운 시골 마을풍경을 그린 것으로, 긴 세월이 흐른 지금까지도 무수히 많은 이삿짐에 실려 다니며 항상 거실의 한 자리를 지키고 있단다.

그는 남들에게서 자신의 능력보다 항상 높은 평가를 받았다고 했다. 노력했던 결과보다 돌아오는 보상이 훨씬 컸다는 의미도 있었지만, 자신은 정말 운이 좋았다며 겸손해했다. 그의 곁에는 자신이 미처 생각지 못한 은인들이 나타나 미리 길잡이를 해주어 오늘날의 자신이 존재할 수 있었다고 했다. 그러나 세상은 결코 만만치 않다는 생각이다. 아무에게나 그냥 도움 주지 않는다. 행운도 준비된 사람에게만 손을 내민다고 했다. 순간순간을 허투루

낭비하지 않고 준비된 삶을 살아온 결과이지 싶다. 자신을 낮출 줄 아는 겸양의 미덕까지 갖췄으니 주변에 좋은 사람들이 모일 수밖에 없었으리라.

그는 평생을 대학에서 연구하고 학생들을 가르쳤다. 학생들을 가르친다는 것은 전문 지식은 물론 그들에게 꿈과 희망을 심어주는 일이다. 단순한 지식의 전달만이 아니고 삶의 방향과 가치를 함께 제시해 주는 일일 것이다. 그의 제자들은 좋은 스승을 만나 각자 바른길을 찾아갔을 것이라 믿는다. 따뜻하고 성정과 땀의 노력이었을까. 그는 대학의 중요 보직을 두루 거쳤다.

은퇴 후, 그는 느지막이 글쓰기를 시작하더니 수필로 등단하여 한국 문단의 수필가로 힘차게 활동하고 있다. 지금은 지역 문학 단체의 리더로서 궂은일까지 도맡아 하는 걸 보면 놀라움을 넘어 존경심이 우러난다. 잘 듣고 나서지 않는 듯하지만 어려운 결정을 할 때면 곳곳에 지혜로움이 묻어난다. 조그만 것이라도 나누어 손에 들려주기를 좋아하고, 지갑을 여는데도 솔선수범이다. 말수는 적지만 가끔은 상큼하고 발랄한 유머로 웃음꽃을 선물하기도 한다.

그와는 한 달에 두 번, 화요일에 만난다. 내일도 가을 은행잎

물든 노란 실크 머플러로 맵시 있게 단장하고 나타나실 것이다. 안온한 얼굴에 은은한 미소를 띠면서.

　　　　　　　　　　　　　　　　　　　　　　2024년
　　　　　　　　　　　　　　　　　　　송용식 수필가, 시인

가을 숲을 걸으며

 가을은 더디 왔다. 유난히 더웠던 여름이 지나고 추석이 왔는데도 바람은 쉬 식질 않더니 11월이 되어도 낮엔 땀이 났다. 그래도 가을은 왔다. 저녁 무렵 산책을 나선 내 눈에 그 가을이 밀려 들어왔다. 가을은 나무마다 각각 다른 색과 모양으로 내려앉았다. 나무 하나하나가 빛을 길어 올리는 걸 보면 사람의 삶도 저렇게 빛을 지녔다는 생각이 들었다.

 집 근처 운중천 가의 벚나무는 성급하게도 물도 들지 않은 초록색 잎을 다 떨구고 어느새 앙상한 가지만 흔든다. 마치 삶을 일찌감치 포기하고 쓸쓸히 서 있는 노인처럼 보인다.
 그 뒤의 당단풍은 미처 물도 들기 전 끝이 타서 말라버렸다. 갈색으로 변한 잎새를 가득 달고 바람이 불 때마다 버석거린다. 나이 들도록 매사 투덕이는 그러면서도 헤어질 수 없는 어떤 부부처럼 안타까웠다.

　돌아보니 키가 큰 대왕참나무가 어느새 누렇게 흔들린다. 언제 한번 고운 빛으로 제대로 물들지도 못하고 가을을 맞는 모양이다. 아무래도 한번 대박 내겠다 벼르다 제풀에 시든 시골 아재의 노년 같아 보였다.

　만지지도 않았는데 벌써 바사삭 소리를 내며 부서질 것 같은 나뭇잎들이 발아래 떨어져 바람에 굴러간다. 11월의 발소리는 마른 잎이 구르는 소리처럼 쓸쓸히 다가왔다.

　그런데 중학교 교문 앞에 아기단풍은 참 곱게도 물들었다. 똑같은 가을인데 유독 이 나무만 어디서 이렇게 고운 빛을 모아왔을까. 아래쪽은 아직 초록 잎이 남았는데 한쪽은 노랗게 그 위쪽은 빨갛게 나무 하나에 초록과 노랑과 빨간색이 조화롭게 뿌려진 것 같다. 나무줄기는 검은빛이 도는 갈색이고 하늘은 푸르니 색이란 색이 듬뿍 담겼다. 늦게 여문 계절인데도 단풍나무 하나에 앉은 색이 노을이 내려앉은 듯 나를 멈추게 했다.

　그래, 저 빛이었어. 처음 그분을 만나던 날 내가 눈길을 멈추었던 미소가. 연둣빛 소녀의 수줍음이 숨은 채 노랗게 빨갛게 물들어 가을이 된 미소. 그 미소는 한순간에 생기는 단순한 표정이 아니다. 마음 깊은 곳에서 은은히 배어 나오는 들뜨지 않는 기쁨이었다. 적어도 그분의 미소는 그랬다. 어딘가 분명 소녀 같으면서도 기품있었다. 반백의 단발머리에 밝고 고운 모습이 꼭 저 단풍을 닮았다.

수필을 배우겠다고 간 모임에서 처음 그분을 만났다. 모임 후 함께 차를 마셨다. 모두들 품위 있고 단아한 모습이면서도 따뜻한 그분을 교수님이라고 불렀다. 지인에게 살짝 물으니 내 모교에 계셨던 분이란다. 그러다 보니 같은 학교 선배님인 걸 알게 되고 어느 날 둘이 있을 때 나는 조용히 후배임을 고백했다. 너무 멋진 선배님을 만난 기쁨을 이기지 못해서 그 후부터 그분의 호칭은 내겐 '선배님'이 되었다.

그분과의 만남은 이상하게도 처음부터 낯설지 않았다. 나도 모르게 다가가서 머물수록 더 따스해졌다. 처음 보는 사람들과의 서먹한 모임에서도 초겨울 저녁 불을 지펴놓은 아랫목처럼 포근했다. 한참 아래인 후배에게도 어렵지 않게 다가갈 수 있도록 곁을 내주시고 편한 친구처럼 솔직하게 대하시니 난 자연스레 선배님 옆을 찾게 되었다. 몸만이 아닌 마음으로 그 곱고 밝은 빛을 바라보면서. 그렇게 가까이서 그분을 바라보면 환하게 웃는 단풍빛의 어느 일부라도 내게 물들지 않을까 생각했다.

사람의 빛은 한순간에 생겨나거나 억지로 만들어지지 않는다. 수없는 시간을 거치며 저절로 우러나오는 고유의 색채가 저리 곱기는 쉽지 않다. 나중에 안 일이지만 선배님은 내 절친의 은사님이시기도 하다. 숭의여고를 졸업한 친구는 여고 시절 존경하고 좋아했던 선생님 소식을 듣고 뛸 듯이 반가워했다. 선배님을 따뜻하고 자상한 마음속의 은사님으로 기억하고 있었다. 선배님의 젊은 시절 모습을 그려보며 오랜 시간이 지나도 단아하고 따뜻한 미소를 잃지 않고 사시는 그분이 더 좋아졌다.

선배님 주변엔 나처럼 그분을 좋아하는 사람들이 많았다. 그중 나도 선배님도 좋아했던 문우 한 분이 계셨다. 불행히도 그 문우는 병이 생겼고 투병 끝에 가을이 시작될 무렵 다시는 오지 못할 길을 떠나버렸다. 내게도 언니 같던 문우를 잃은 슬픔에 나는 며칠 일어나질 못했다. 그때 문득 선배님 생각이 났다. 누구보다 가까웠던 두 분이라 오랜 시간 교감해 오신 선배님이 잘 견디셔야 할 텐데 하는 걱정이 앞섰다. 그래도 선배님은 그 아픈 이별을 참 의연하게 견뎌내셨다. 가까웠던 문우를 잃고 휘청거리던 내게는 '슬픔은 이렇게 이겨내는 거야.'라고 속삭이는 듯했다. 슬프지만 주저앉지 않고 그리워도 가슴으로 다독이는 그 모습이. 그제야 나는 일상으로 가는 이정표를 본 듯 일어섰다. 어쩌면 선배님은 언제부터인지 내 삶의 방향이 되어 나를 이끌고 계셨는지도 모르겠다.

노을빛으로 물든 나무에서 붉은 단풍잎이 떨어져 내렸다. 발아래 떨어진 단풍잎을 주워 들고 들여다보았다. 그리곤 다시 가을 나무들이 줄지어 선 산책길을 걸으며 생각했다. 나는 어떤 나무의 모습으로 가을을 맞고 있는지. 선배님처럼 노을빛 미소로 걸어갔으면 하는 소망이 생긴다. 그걸 꿈꾸기엔 턱없이 부족한 나인 줄 알면서도 그분의 고운 빛으로 나도 물들어 가기를 남몰래 꿈꾸어본다. 가을 숲을 걸으며.

2024년 11월

염혜순 수필가, 시인

생동의 시절

나는 숙명여자대학교 문리과대학 가정학과 1964년도 졸업생이다. 학번을 붙인다면 60학번이 되겠지.

고등학교 다닐 때 가정시간이 좋았다. 내가 선생님이 된다면 여러 과목 가운데 '가정'을 제일 잘 가르칠 수 있을 것 같았다. 거기다 가정학은 여성의 학문이므로 전공분야를 열심히 하면 경쟁자가 반이라 훌륭한 선생님이 되는데 훨씬 유리하다는 생각마저 들어 가정학과를 가려고 했었다.

당시 숙대는 유시험과 무시험을 병행하고 있었다. 전교 몇 퍼센트 이내의 성적이어야 한다는 무시험 원서를 서둘러 접수했다. 시험 전날 무시험 장학생으로 선발되었다는 통지를 받았는데 입시 당일 신체검사를 받아야 한다는 것이었다. 불응하면 합격이 취소된다고 했다.

시험장까지 확인해 둔 미대로 갈 것인가, 청파동으로 가서 신체검사를 받을 것인가. 밤새 고민하다가 다음날 청파동 버스를 처음 타면서 나는 바로 숙대생이 되었다. 지금의 특차전형과는 또 다른 시험제도였다. 이경숙 총장이나 가정대학 이선재 학장도 서울대와 숙대 무시험에 복수지원 했다가 숙대를 택한 분들이라고 들었었다.

입학하고 첫 소풍 가던 날 4·19학생의거가 일어나 일주일간 휴교에 들어갔었고 2학년 때는 5·16 군사 쿠데타를 겪었다. 대학 4년 동안 학생회의 명칭이 정권교체에 따라 학도 호국단에서 재건학생위원회, 총학생회로 바뀌었다. 교내 적으로는 김두종 총장, 이능우 총장 서리, 김순식 총장이 취임했었고 총장 이취임에 따라 동창회마저 신·구파로 나뉘어 교내가 어수선했다.

대학 생활을 시작하면서 맨 처음 관심을 끌었던 것은 학교 신문이었다. 정기적으로 발행되는 신문을 받아보면서 대학사회에 대한 호기심을 풀어갔다. 2학년이 되자 '숙대신보사 견습기자' 시험에 응시해서 가정학과생으로는 처음으로 합격했다. 그동안 가정대생 후배 중에서 신보사 기자가 몇 명이나 나왔는지 궁금하다. 3학년 1학기까지 학생기자를 하다가 총학생회장 직을 맡아 일 년을 지내고 나니 금방 졸업 학기가 되었다. 그래서 재학 중 가정학과 사정보다는 교내 상황에 조금 더 밝았다고 해야 할 것 같다.

60년대 입학 당시 문리대에는 국문학과, 영문학과, 교육학과, 사학과, 가정학과가 있고 정경대에는 정치외교학과 경제학과 상과, 그리고 약학대학과 음악대학이 있었다. 네 개 단과대학 10개 학과에 재학생이 4,000여 명이었다. 99년 현재 10개 대학의 재학생이 만여 명이라면 두 배 반의 규모가 된다. 60년대의 숙대 캠퍼스는 중정(中庭)이 있는 ㅁ자형 목조건물 시대였다. 이 층에 가정과의 교수실, 예법실, 조리실, 실험실, 재봉실, 염색실 등이 있었는데 문리대와 정경대가 본관 건물에서 강의를 받았기 때문에 복도가 언제나 시끄러웠다.

3학년이 되면 식품영양학 전공과 의류학 전공으로 나뉘던 가정학과가 62년에 가정관리학 전공이 신설되면서 가정학회가 창립되었다. 초대 회장에 의류학 전공이던 이선재 회장이 선임되었고 표경조 교수를 지도교수로 모시고 체계적인 가정학 연구를 본격적으로 시작하게 되었다. 본교 식품영양학과 전희정 교수, 한양여대 이영순 교수, 청량중학교 이순영 교장이 당시 조교로 있었고 한양대 식품영양학과 이효지 교수, 모교 현 이선재 학장도 학창시절을 함께 한 선배님이시다.

숙명여대의 개교기념일은 4월 20일이다. 청파언덕에 먹거리를 차려놓고 대학의 낭만을 즐기던 차림대회가 우리나라 대학 먹거리 축제의 효시였던 것이다. 음료나 과일, 국수, 떡을 과별로 골

고루 차려놓고 손님 끌기에 열을 올렸다. 용돈이 궁하던 시절이라 학생 손님들이 교수님들만 모시고 와서 바가지를 씌웠다는 뒷이야기도 있었다. 가정과에서는 떡과 도너츠, 프렌치 토스트를 팔았다. 몬로우동도 먹고, '삼색의 여심'에서 삼색아이스크림을 팔던 과는 무슨 과였던가? 국문과의 몽로주점(夢路酒店)이 제일 인기가 있었다. 여자대학 교정에서 대낮에 공공연히 음주할 수 있었던 초유의 행사였으니까.

청파축전 행사의 하나로 시내 각 대학 학생회 대표들을 초청했다. 학생휴게실과 이어진 본관 중정(中庭)에서 불고기 파티를 열고 게임도 하며 대학간의 친선을 도모했다. 정원 한쪽에 그때만 해도 생소하던 즉석 불고기 뷔페를 준비해 주신 가정학과 여러분께 새삼 고마웠다는 인사를 드린다.

60년대 교내 학생활동에서 간과할 수 없는 것은 가정학과에서 전교 총학생회장이 많이 나왔다는 것이다. 총학생회장은 각 단과대학 학생회장이 입후보하며 대강당에 전교생이 모여 후보들의 소견 발표와 찬조 연설을 듣고 곧바로 투표에 들어가 그 자리에서 개표를 했다. 1960년 4·19 나던 해, 학도호국단 시절에 식품영양학 전공의 김명희 선배가 학생회장을 지냈고 1962년 5·16 군사쿠테타 이후 명칭이 바뀐 재건학생위원장에 가정관리학 전공 이복순(李富林으로 개명)이 당선되었다. 1965년에는 피가 되고 살이 되는 찌개백반을 끓이겠다고 공언한 식품영양학전공 노숙령이 총학생회장을 했다. 노숙령은 현재 중앙대 식품영향학과 교수이며 김명희는 숙대 평생교육원 교수로 출강하고 있다.

60년대 초에 졸업논문 대신 학사고사 제도가 생겼다가 바로 폐지되었다. 61년 학사고사에서 식품영양학 전공 곽추자가, 62년도에는 의류학 전공의 이선재가 전공별 전체 수석을 차지하여 숙대 가정학과의 실력을 전국에 과시했다. 그런데 64년도 졸업생들은 학사고사도 보지 않고 졸업논문도 쓰지 않고 이학사가 되었다. 영양사 국가고시도 없었으니 우리 학년을 시험복이 있었다고 해야 될까.

그런데 교내외적으로 전통과 실력을 자랑하던 숙대 가정학과에 생활관이 없어 가정관리학을 전공하면서도 생활실습의 기회를 가져보지 못해 아쉬움이 많았었다.

졸업 후 4년 뒤인 1968년에 생활관이 문을 열었다고 한다. 최근에는 신축한 교수회관 8층에 가정경영실습실 '숙인당'을 개설하고 가정대생뿐만 아니라 전교생 희망자에게도 개방하고 있다고 한다. 부러운 일이다. 주한 외교관 부인회와 여군과도 자매결연을 맺고 그들의 예절교육장으로도 제공하고 있다 하니 '숙인당'을 어떻게 꾸며놓았는지 더욱 궁금해진다.

재학시절에 생활관 실습을 못한 50대 이상의 가정학과 졸업생들을 숙인당에 초대해서 살림 경영의 노하우를 듣고「집안어른 노릇 잘하기」세미나라도 열어주면 좋겠다. 학창시절 못지않은 즐거운 시간이 될 것이다.

　제 2 창학사업을 벌여 날로 발전하는 모교 소식을 들으면 친정살림이 필 때처럼 든든하고 가슴 뿌듯하다.

1998년 가정대학 60년사 · 회고의 글
李富林 수필가

조용하고 부드러운 품격의 저력을 배운다

주변에 존경할 수 있고 본받고 싶은 진정한 멘토가 있다는 것은 얼마나 행복한 일인가. 이 글을 시작하는 내 마음이 바로 그러하다.

대체로 글 쓰는 사람은 원고 청탁을 받는 순간 글의 얼개에 대하여 생각하며 고뇌하게 된다. 그러나 존경하는 이선재 교수님의 정년퇴임 문집에 부족하고 미력한 나의 연모하는 마음을 담아 바칠 수 있는 기회가 주어짐이 이렇게 고마울 수가 없다.

역설적인 것 같지만 이미 선생님께서는 행복과 감사라는 기막힌 선물을 주고 계시다. 이처럼 나는 그분을 생각하면 조용하고, 부드러우면서도 강한 추진력으로 당신 앞에 맡겨진 일을 성심을 다하여 일구어내시는 분으로 느끼고 있다. 숙명의 부드러운 힘이라는 이미지에 선생님은 너무도 합당하신 분이다.

그것을 나는 학과는 다르지만 '전국여교수연합회'에서 이 교수님을 회장으로 모시고 일하면서 느낄 수 있었다. 전국의 내로라하는 여교수들의 모임이었는데, 선생님께서는 어떤 면에 있어서도 훌륭하게 리더 역할을 잘 수행해 내셨다. 같은 숙명의 졸업생으로서 무한한 자랑스러움을 느끼게 해주셨다.

지성과 개성을 겸비한 전국의 여교수들을 선생님께서는 마치 예수님이 제자들 보살피듯이 인자한 미소와 넉넉한 품으로 끌어안으시니 모든 일이 순조롭게 진행될 수 있었다. 그만한 단체가 평안하고 순탄하게 운영될 수 있었다는 것은 그 단체 지도자가 자발적인 봉사와 물심양면의 노력으로 최선을 다하였음을 방증한다고 생각한다.

자고로 사람을 알려면 같이 일을 해봐야 한다고 한다. 함께 일하며 고생하고, 어려움을 극복하는 과정에서 그 사람의 진정성과 가치의 무게를 알 수 있는 법이다. 그 점에서 나는 2년 꼬박 이 선생님과 함께 일을 해봤기에 그분에 대해 이렇게 단언하여 말씀을 드릴 수 있다.

이 선생님과는 네 번에 걸친 전국 규모의 커다란 세미나를 외부의 정책 책임자 및 대학 총장, 전국의 교수와 전문가를 모시고 추진하였다.

'고급여성과학인력의 활용방안 및 지원방안' '여교수의 진출 현황과 확대를 위한 정책 방안' '여교수의 자녀 양육실태분석과 복지 정책적 제언' '방과 후 아동 지도 현황과 대책' '고등교육기관에서의 여성인력개발 과제' '여대생의 진로설계와 여교수의 역할' '고급여성인력의 활성화 대책(1) : 여교수 채용 목표제' '고급여성인력의 활성화 대책(2) : 여대생의 대학생활 지도 방안과 대책' '대학교 성폭력 상담소 운영자 좌담회' '대학사회 내 여교수의 참여적 현실' 등의 테마로 진행된 세미나는 많은 실적을 거둠과 동시에 참석자들의 열띤 호응을 받았다. 하나하나의 테마가 모두 일하는 우리 여성들에게 필요한 항목임을 선생님께서 잘 아셨기에 앞장서서 추진해 내시지 않았는가 생각한다.

특히 그중에서도 '여교수채용할당제'를 각 대학에서 채택할 수 있도록 국회 및 교육인적자원부, 대교협 등 필요한 곳은 어디든지 방문하여 성과를 내셨다. 여자대학에 재직하시며 졸업하는 제자들의 앞날을 위하여 애쓰셨기 때문에 오늘날과 같이 각 대학은 물론 사회 각 분야에서도 여성들이 자신의 능력을 마음껏 발휘할 수 있게 되었다.

어디서 그렇게 강인한 추진력을 발휘하시는지…. 사실 개인적으로 나는 선생님이 어떤 종교를 믿으시고 가정적으로 어떠하신지는 잘 모른다. 그러나 선생님과 함께 전국여교수연합회 일을 하는 과정에서 내가 목격한 선생님의 모습을 통해 짐작해 보건대, 선생님의 덕성스러움으로 가정과 일상생활 또한 그 누구 보다 모범적이고 사랑이 넘치는 가정을 일구어내셨으리라 추측해 본다.

학교에서도 신보사 주간과 학생처장, 생활과학대학장과 대학원장이라는 어지간히 힘든 보직을 연임하셨지만 모두 무리 없이 수행해 내신 것으로 안다. 일 처리는 엉망으로 하면서 말만 번지르르하게 잘하는 사람이 얼마나 많은가. 그러나 선생님께서는 모든 힘든 보직을 남에게 생색내지 않으시며 묵묵히 수행하셨으리라 짐작한다. 여교수연합회 일도 그리하셨으니까.

일을 하다 보면 의지와는 관계없이 아랫사람을 고생시키는 경우도 있을 터인데, 선생님께서는 그런 법이 없으셨다. 그러한 선생님의 스타일을 나도 은연중에 배우고자 한다.

나는 선생님을 통해 작은 목소리의 힘 있음을 배웠다. 사람 좋은 미소로 한번 웃어주심이 상대방의 기분을 얼마나 좋게 해 주는지도 배웠다. 선생님께서 그냥 웃어주시기만 해도 저분은 내 편이구나 하는 안도감을 가질 수 있었다. 세상이 얼마나 강퍅한가. 내 편인지 아닌지 망설여져서 말도 쉽게 하지 못하는 세상인데 선생님께서는 모든 이야기를 맘 편히 들어주셨다.

멈춘 듯 가는 것이 세월이라고 선생님께서도 이제 정년퇴임을 맞이하는 순간이 오셨다. 선생님께서는 숙명의 졸업생으로서 당당하시게 원 없이 모교를 위하여, 제자들을 위하여, 동문들을 위하여 물심으로 일해 오셨다고 아뢴다. 그렇기에 선생님 정년 맞으심이 아쉽다고 말씀드리고 싶지 않다. 오히려 자랑스럽고 충분히 "축하합니다. 그동안 정말 열심히 사셨고 애 많이 쓰셨습니다."라고 자신 있게 말씀드리고 싶다.

이선재 선생님! 본관 맨 끄트머리(위치나 내부 면적이 결코 넓어 보이지 않는 연륜이 느껴지는 방)에 있는 선생님 연구실의 마네킹, 쌓여 있는 연구 자료와 종이 냄새가 향수로 남으면 좋지 않을까 생각해봅니다. 아울러 저는 다이어트가 어쩌고 하는 세상이지만 저는 선생님의 넉넉하심을 사랑합니다. 부드러운 선율과 함께 선생님과 함께했었던 몇 가지 장면을 영원히 소중하게 기억하겠습니다.

2006년 2월 이선재 교수님의 정년퇴임에 부쳐
이성림 수필가 · 명지대학 문창과 교수

오페라의 마지막 에필로그 막은 올랐습니다

우리의 삶은 마치 거창한 한 편의 오페라
오페라의 시작을 알리는 프로로그의 음악이 울리면
막은 올라가고 연극의 극본대로 서막이 시작되지요

사람도 어느 부모에게서 태여나 더러는 보호받고
더러는 고생을 하지만 주어진 운명은 바꿀 수 없는 채
마치 오페라의 극복을 바꿀 수 없는 것처럼
성인으로 성장하는 과정이 곧 1막입니다

성장해서 사랑하고 제 짝 만나 자식 낳고 가정 이루면서
사회적으로 성공하기 위한 수많은 희노애락의 사건들
그 사건을 해결하는 천차만별의 삶의 기예들이
연극의 묘미를 클라이맥스로 끌어가는 인생의 제 2막입니다

그대는 누구보다 푸근하고 착한 심성을 지녔기에
때로는 울부짖고 가슴치고 싶을 정도로 괴로운 일이 있어도
무던히 참고 인내하여 마침내 알찬 열매를 수확하며
파안의 웃음을 웃을 수 있게 되었으니
그 얼마나 자랑스러운 삶을 살았는가?

현명한 아내, 큰 재목으로 성장한 자랑스러운 자식들,
좋은 제자를 길러낸 훌륭한 교육자 그리고 학자로서
성공한 삶을 살아온 푸짐한 내용의 제 2막을 끝냈습니다.

내 사랑하는 후배여!
이제 오페라의 에필로그를 알리는 마지막 무대는 올라갔습니다.
이미 끝낸 1막 2막의 지나간 영욕의 세월 모두 접어두고
앞으로 살아갈 일만 생각합시다.

욕심 부리지 말고, 대접 받으려 들지말고
남들을 바꾸려다 마음 다치지 말고, 내가 바뀌지려 노력하여
즐거운 마음으로 건강하고 아름답게 늙어서

내 인생이라는 오페라의 마지막 에필로그가 끝났을 때
남아있는 관중인 우리의 자식, 제자, 그리고 지인들이
참으로 아름다운 삶을 살다 갔다고 기립박수를 보낼 수 있게

그렇게 아름답게 살아갑시다
그렇게 아름답게 늙어갑시다

2006년 2월

이인자 서경대 석좌교수 · 건국대 명예교수 · 시인

훈훈한 인간미

　이선재 교수님을 만난 지도 40년이 훌쩍 넘었다. 처음 만났을 때부터 나는 교수가 풍겨주시는 훈훈한 향기에 매료되었다. 나는 그런 인간적인 아름다운 모습을 가져보려고 무척 애를 써도 그것이 마음대로 되지 않아 늘 부러워하면서 살고 있다.
　이 교수님은 항상 웃는 모습으로 재치 있는 유머 감각의 대화를 하셔서 상대방을 즐겁게 해주시고 그래서 계속 대화를 나누고 싶어지게 만드는 분이시다. 우리 학교에서 함께 일해보자고 권유해 봤으나 사양하시면서 성실하고 실력 있는 후배 교수를 추천해 주시기도 했다. 이선재 교수님과 국제대회를 치르면서 여행도 해 보았지만, 항상 겸손한 자세로 상대방을 배려해 주고 궂은일도 마다하지 않는 그의 성실한 성품은 본받을 것이 많다.
　내가 시를 외워서 암송하는 것을 즐기는 것도 이선재 교수님한테서 배운 것이다. 2000년 여름, 아시아 조형학회에서 주간한

국제회의를 끝내고 양쯔강 cruise를 함께할 때 돌아가면서 차례대로 노래하는 기회가 있었는데 그때 이 교수님은 시 두 편을 암송하셨고 나는 그때 크게 감명을 받아 그 후로 나도 좋은 시를 외우는 습관을 갖게 되었다. 운전할 때나 지하철을 타고 다닐 때 외웠던 시를 밤에 자기 전에 되새겨 보면 쉽게 외워진다. 돌아가면서 차례대로 노래를 시키는 기회에 시를 암송하는 것도 삶의 또 다른 즐거움을 갖게 한다. 지난 1월에 유럽으로 13박 14일 cruise여행을 하는 동안에도 차례대로 노래하는 기회에 시 두 편을 낭송하면서 이선재 교수님께 감사한 마음을 보냈다.

이선재 교수님은 푸근하고 정다운, 그래서 나의 고민을 들어 줄 수 있는 속 깊은 친구이다. 그러면서도 유능한 행정가이자 폭넓은 지도자이시며 훌륭한 학자이시다. 숙명여자대학교에서 10년 넘게 여러 보직을 충실하게 역임하시면서도 강의 잘하는 명교수로 백여 명의 석·박사를 배출하면서 여러 권의 저서와 많은 논문을 발표하여 의류학 전반에 걸쳐 학문의 폭을 넓히셨다. 이러한 결과로 '이홍수 저술상'과 '제13회 한국과학기술우수논문상'을 수상하였고 퇴임 시엔 대한민국 '옥조근정훈장'을 받으셨다.

한국복식학회 학회장으로 일할 때도 이선재 교수님답게 모든 일을 빈틈없이 신중하고 공정하게 능력을 발휘하셔서 학회의원들의 칭찬을 많이 받으셨다. 특히 제주도에서 개최했던 국제학술대회와 의상전시회, 그리고 세계박물관학회와 연계해 개최했던 국제학술대회와 한복 패션쇼는 세계인들에게 한국 문화와 전통복식 문화를 홍보하는데 크게 기여하셨다.

그 어렵고 힘든 행사를 치르면서도 이선재 교수님은 큰 소리 없이 모든 이들의 소리를 들으면서 유모와 재치로 장내를 웃기시며 회원들을 감싸 주셨다. 지금도 교수님의 여유롭게 웃는 얼굴이 눈앞에 아른거린다.

꾸밈없는 온화하고 순박한 성품을 지닌 이 교수님은 의욕적인 연구 활동에 임하고 업무추진에서는 성실함과 책임감이 강한 완벽주의자시다. 인간미가 훈훈하게 풍기는 이선재 교수님을 생각하면 저절로 흐뭇해진다.

24년 전 양쯔강에 스치는 부드러운 밤 바람결에 유유히 떠내려가는 선상에서 시를 읊던 이 교수님과 그 자리에 함께했던 분들이 마냥 그리워진다.

2006년 2월

화가 · 전 한국복식학회 회장

중앙대학교 의류학과 명예교수 정흥숙

이선재 교수님을 기리며

"세월이 유수와 같다."라는 말이 갑자기 나의 가슴을 파고든다. 이선재 교수님의 정년퇴임을 맞이하여 세월의 두께와 함께 아른한 추억들이 파노라마처럼 스치고 지나간다.

강의 잘하는 명교수면서도 푸짐하고 인심 좋은 옆집 아줌마 같은 느낌의 이 교수와의 만남을 곰곰이 되새겨 보며 만감이 교차한다. '이선재', 그녀의 이름 석 자는 요즘 내게 더욱 소중하게 다가오며 지금까지 살아온 나의 인생 전체를 되돌아보며 회한에 젖도록 만든다. "좀 더 잘해 드렸어야 했어.", "그때 얼마나 섭섭하셨을까." "좀 더 상냥하게 대해 드릴 걸" "좀 더 많은 시간을 함께했어야 해." 등등 애잔한 아픔이 가슴을 맴돌며 송구한 마음이 마구 솟구친다.

우리의 인연은 대학 졸업후 '연숙회'라는 가정대학 출신들의 모임을 통해 이루어졌고, 그 후 간간이 소식을 접하며 면면히 이어지고 있었다. 드디어 1987년 9월 숙명여자대학교 의류학과로 나를 이끄셨고, 그 후 나는 그녀와 본관 한 지붕아래서 어깨를 나란히 하며 무수한 세월을 함께 하였다. 한 지붕 아래 살며 가장 웃어르신이신 선생님을 대접해 드리기보다 깊은 마음을 헤아리기 못하고 따지기 좋아하고, 좀처럼 나긋나긋하지 않은 후배인 나를 한없는 용서와 인내로 감싸 안으셨고, 실수를 할 때조차 따끔하게 나무라시기보다 따뜻한 인생 선배의 마음으로 언제나 용기를 북돋워 주셨다.

일 중독에 빠져 앞뒤 주변을 돌아보지 못하는 못난 후배에게 끝내 섭섭함을 내색하지 않으시고, 대접받기보다는 스스로 먼저 대접하는 솔선수범의 훌륭한 모습을 보여주시며 "언젠가는 너도 알게 되겠지."라며 묵묵히 당신의 길을 걸어가셨다.

교수님께서는 일찍이 영국에서 많은 연구활동을 하셨고, 이어 미국에서 새로운 분야의 학문인 의상사회심리분야와 패션마케팅 분야에서 학문의 과학적 체계를 세우시고, 훌륭한 논문과 저서를 많이 남기셨습니다. 특히 패션산업 현장 실무에 기초를 둔 전문지식과 실무교육을 통해 사회적 지도자가 될 수 있는 많은 인재를 배출하였으며, 숙명여대에서 후학양성을 위해 심혈을 기울이셨습니다.

교수님은 항상 많은 관심과 사랑으로서 제자들과 후배들의 발전하는 모습을 지켜봐 주시고, 격려로서 힘이 되어 주셨기에 저희들에게는 학문적으로나, 인격적으로나 존경스러운 스승이셨습니다.

교수님께서는 숙명여대에서 여러 보직을 역임하셨고, 패션마케팅 학회장과 한국복식학회 회장, 그리고 전국여교수연합회 회장을 맡으셔서 열과 성의를 다해 우리나라 의류학계와 교육 발전에 많은 공헌을 하셨습니다.

평생을 손해만 보고 살아오신 듯한 교수님이 가정에도 충실하신 면면을 보면서 '인생의 승리자는 과연 누구인가.'라는 질문에 대한 명쾌한 해답을 그녀에게서 찾아본다.

이제 와 돌이켜 보니 각자 자신의 길을 가느라 서로를 돌아보지 못하는 메마르고 딱딱한 삶의 현장에 그녀의 넉넉한 인심과 훈훈한 입김이 있었기에 오늘 숙명의 의류학전공이 이나마도 유지된 것은 아니었을까 생각해 보며 깊은 존경과 감사의 마음을 바치고 싶다.

영원한 나의 선배이자 스승이신 이선재 교수님! 부디 건강하시고, 다복하셔서 사랑하는 가족들과 함께 오래오래 사셔요! 그리고 여전히 부족할 당신의 후배들과 제자들에게 진정한 인생의 선배로서, 동반자로서 언제나 우리 곁에 계시며 변함없는 사랑을 베풀어 주세요!

선생님, 갑자기 눈물이 앞을 가리며 이 성가들을 선생님께 꼭 불러 드리고 싶습니다. "주님은 나의 목자시니 나는 아무것도 두렵지 않네, 푸른 풀밭 시냇가에 쉬게하사, 나의 신심을 새롭게 하네~~ 천사의 말을 하는 사람도 사랑 없으면 소용이 없고, 심오한 진리 깨달은 자도 울리는 징과 같네. 하느님 말씀 전한다 해도 그 무슨 소용있나, 소용이 없고 아무것도 아닙니다~~."

감사합니다. 선생님을 영원히 그리워 할 거예요.

2006년 2월

숙명여자대학교 의류학전공 교수 손희순

교수님과의 소중한 인연에 감사드리며

　사제간의 인연이란 얼마나 소중한 것일까요? 유명하신 스님의 글 중에 인연의 겁이라는 표현이 있습니다. 겁이 높을수록 인연이 높은데 부모와 자식의 인연으로 만나려면 9천 겁을 거쳐야 하고 스승과 제자의 인연은 1만 겁이나 된다고 합니다. 사제지간이란 그만큼 세상에서 참으로 귀한 인연이라 하였습니다. 육신은 부모가 낳아주지만, 마음이 새로 눈을 뜨게 하는 데에는 스승의 가르침이 필요하기 때문이라고 말씀하셨습니다.

　이렇듯 교수님과 함께한 소중한 인연이 어느덧 40년이란 세월을 훌쩍 넘어 그 시간들을 돌이켜보니 가슴이 뭉클해집니다. 교수님을 처음 뵙던 때는 제가 대학교 3학년 때였습니다. 교수님께서 숙명여대에 처음 부임하시던 해였습니다. 다른 선후배 기수에 비해 다소 극성스러웠던 저희 학번들을 적극적이고 활달하다고 교수님께서는 유난히 좋아하셨습니다. 그래서 늘 어머니와 같은 푸근함과 인자하심으로 저희를 가르치시면서 특히 저희들 진로에 각별한 지도를 해 주셨던 기억이 납니다. 지금 생각해보면 그것이 모교와 동문에 대한 남다른 애정과 열정 때문이었던 것 같습니다.

저희들이 졸업할 당시는 진로 선택에 있어 취업보다는 좋은 남자 잘 골라서 시집 잘 가는 것이 가장 이상적인 선택으로 여겨졌던 시절이었습니다. 그래서 대졸 출신의 패션 디자이너들은 거의 찾아볼 수 없었던 시절, 교수님께서는 졸업을 앞둔 저희들에게 취업이나 대학원 진로를 적극적으로 권유하시면서 여자들도 이제는 재능을 살려 사회생활을 해야 한다고 늘 말씀하셨습니다. 그런 교수님의 적극적인 지도 덕분에 그 당시 저희 동기들은 유례없이 가장 많은 졸업생이 직업전선에 뛰어들어 디자이너로 활동하게 되어 지금까지도 활약하고 있으며 대학원에도 가장 많이 진학하여 대학 강단에 있는 동기생도 많습니다. 이렇듯 교수님이 저희 대학에 부임하신 해부터 그 시발점이 되어 그 맥이 지금도 계속 이어져 오고 있습니다.

돌이켜 보면 교수님과의 인연이 아니었다면 지금의 저 역시 생각할 수 없었을 것입니다. 저 또한 학부 시절 좋은 남자 만날 기대만 컸을 뿐 졸업 후 진로에 대해서는 별 관심이 없었을 때였습니다. 그런 제게 교수께서는 대학원 진학을 권유하시어 학문의 길을 열어주시고 전공학술지에 연구논문을 발표하도록 하셨습니다. 박사과정 중에 강의 경험 기회도 마련해 주신 덕분에 박사학위 받자 곧 대학교수의 길까지 걷게 해주셨습니다.

지금도 정말 잊히지 않는 것은 제가 재직 중인 대학에 지원했을 당시, 교수님의 따님도 대학에 지원하던 중이었습니다. 교수님께서는 사랑하는 딸의 수능시험 결과와 함께 제자의 임용 결과도 초조하게 기다리시던 모습이 생생히 기억납니다. 그때 교수님께서는 저에 대한 꿈을 꾸셨다면서 그 꿈이 좋은 결과를 예견하는 꿈인 것 같다고 하셨습니다. 그러시면서 "왜 우리 딸 꿈은 안 꾸고 네 꿈만 꾸는지 모르겠다."고 하시면서 환히 웃으시던 모습을 저는 지금도 잊을 수가 없습니다. 그리고는 교수님의 예견대로 좋은 소식을 통보받고 저도 모르게 저희 부모님과 남편보다 교수님께 제일 먼저 이 소식을 전해드렸습니다. 부모와 자식의 연보다 높은 스승과 제자의 연에 대한 소중함을 일깨워 주었던 하나의 추억이었습니다.

교수님께서는 제자에 대한 각별한 사랑이 넘치십니다. 제자라도 중도에 일을 포기하지 않도록 어떤 방법으로라도 제자 하나하나를 챙겨주시려고 늘 애쓰시는 모습에 고개가 절로 숙여지지 않을 수 없습니다. 어쩌면 교수님께서는 지금 숙명여대가 지향하고 있는 여성 전문 리더 양성이라는 모토를 교수님께서 부임하시던 그 날부터 몸소 학생들에게 고무시키고 몸소 실천하셨던 분이 아니었나 싶습니다. 강의와 연구 활동에 열중하시면서도 학교 대내외 일에 솔선수범하시던 교수님 모습은 저희들에게 자부심과 리더십을 심어주셨습니다. 지금도 학교발전과 동문들의 행복을 위하여 애쓰시는 모습에 사랑과 존경의 마음을 보냅니다.

부족하기만 한 저를 늘 아껴주시고 믿어주셨던 교수님! 저의 학문적인 발전은 물론 제 인생의 행복과 성장과 삶의 버팀목이 되어주시는 교수님과의 소중한 인연에 진심으로 깊이 감사드립니다. 지금까지 교수님께 받은 은혜 갚을 수 있도록 교수님 오래오래 건강하신 모습으로 저희 곁에 계셨으면 좋겠습니다.

교수님께 드리고 싶은 말이 있습니다. "교수님, 사랑합니다."

2006년 2월

동서울대학 패션디자인과 교수 장은영

발문

기억의 시간,
회고적 수필의 문학성과 그 의미

최원현
수필가·문학평론가·한국수필창작문예원장·사)한국수필가협회 7대 이사장

기억의 시간, 회고적 수필의 문학성과 그 의미
―이선재 수필집 『지붕 위의 초상화』

최원현
수필가・문학평론가・한국수필창작문예원장・사)한국수필가협회 7대 이사장

1. 들어가며―이선재, 문학에 들다

과거는 언제나 현재의 언어로 다시 쓰인다. 이는 단순한 철학적 명제가 아니라, 문학이 작동하는 핵심 방식 중 하나다. 특히 수필이라는 장르는 시간의 강을 거슬러 올라가 오래된 기억을 오늘의 언어로 호출해 내는 데에 탁월한 감각을 지닌다. 오늘 이 순간 누군가 살아온 자신의 삶을 수필로 써낸다면, 그것은 단순한 회상이 아니라 기억을 통해 삶의 의미를 재구성하는 창조적 행위이다.

과거의 나를 현재의 시선으로 조망하며 '기억 속의 나'와 '지금의 나'를 연결해 하나의 의미망을 구성하는 이런 서사 작업은 단순한 기억의 소환만이 아닌 개인의 역사를 조명하는 것이 될 수

있다.

　평범한 한 사람의 삶도 박물관 하나에 버금간다고 한다. 그런데 사회적 활동이 남다르고 그만큼 역량이 높은 사람의 삶이라면 박물관의 크기가 얼마나 클 것이며 그 안의 내용들은 얼마나 많을 것인가. 아마 생각 이상으로 훨씬 큰 규모에 놀라는 경우도 많을 것 같다.
　이선재 교수님의 수필집 『지붕 위의 초상화』를 상재한다는 기쁜 소식에 활짝 핀 해바라기꽃처럼 내 마음도 벙그는 이유다.

　2019년 여든이 다 되어 글쓰기 반에 등록하신 이선재 교수님은 늦은 만큼 더 열심히 수업에 임하셨고 평생 제자들을 가르치던 열과 성으로 배우는데도 열심으로 누구보다도 열정적으로 글쓰기에 임하셨다. 보통 2년의 훈련 끝에 등단의 길을 열어주던 내게 이 교수님은 남보다 두 배 세 배의 열심을 내서서 채 2년이 되기도 전에 등단하는 열정을 보이셨으며 이내 에세이강남문학회의 회장으로 섬기는 모범까지 보이셨다.

　이선재 교수님의 80년 삶은 제자들을 키워 내는데 전력을 다하신 삶이며 모교(숙명여대)에서 교수로 재직하시며 학교 발전에도 큰 공헌을 하셨다.

  수필가 이선재의 이력은 놀라울 만하다. 일찍이 숙명여대를 졸업한 이학박사로 숙명여대 신보사 주간, 학생처장, 생활과학대학장, 대학원장의 보직을 두루 거치면서 명실공히 오늘의 숙명이 있게 한 공로자시다. 한국복식학회 회장으로 우리나라 복식문화에 큰 변화를 이뤄내셨으며 제13회 과학기술 우수논문상, 이홍수 저술상, 옥조근정훈장 등을 수상할 만큼 학문적 성공이나 활약도 크셨으며 패션마켓팅위원장, 전국 여교수연합회 회장으로도 능력을 펼치셨다.

  누구보다 숙명적(宿命的)인 숙명인(淑明人)으로써의 사명감으로 숙명 사랑을 펼치셨던 이선재 교수님은 한 점 후회 없고 부끄러움 없는 숙명인으로의 삶을 사셨다. 퇴직 후로도 숙명여대 명예교수로 모교의 명예를 지키시며 개인적으로는 라인댄스로 건강관리도 철저히 하는 아름다운 생활인이시다. 이런 이선재 교수님이 뒤늦게 새로이 눈 뜬 것이 바로 문학이다. 생의 정리를 하는 방법으로 글쓰기가 적합하다는 판단이셨을 것이다. 기회는 찾는 자에게 온다고 그게 강남시니어플라자에서 인연으로 찾아왔고 2019년 봄부터 글쓰기 공부를 시작하여 그해 한국 최고 전통의 월간 『한국수필』 12월호(통권 298호)에 「경주의 그날」과 「라인댄스 포에버」로 신인상을 받으며 수필가가 되셨다.

2. 이선재의 문학관 - 『지붕 위의 초상화』를 중심으로

　이선재 수필가의 수필집 『지붕 위의 초상화』는 작가 삶의 여정과 깊은 사색이 담긴 작품들이다. 이 수필집은 크게 다섯 부분으로 나뉘는데 1부 '가슴 설레는 그리움'에 10편, 2부 '미화된 기억'에 10편, 3부 '인연의 꽃들'에 9편, 4부 '내 사랑 숙명'에 8편, 5부 '은은한 향처럼'에 9편 등 46편을 싣고 있는데 작가의 다채로운 경험과 생각을 풀어내고 있다.

　1부 '가슴 설레는 그리움'에는 작가가 유년 시절, 특히 6·25 전쟁을 맞으며 겪었던 피난과 실향의 아픔, 그리고 가족에 대한 그리움이 절절하게 담겨 있다. 고향과 과거를 떠올리며 느끼는 깊은 그리움과 향수로 「머나먼 고향」「가슴 설레는 그리움」에서는 황해도 해주와 용호도에서의 기억을 통해 고향과 가족에 대한 애틋한 마음을 표현하고 있다. 「99일간의 전설」에서는 전쟁 중 할아버지 댁에서의 피난 생활을 통해 가족의 지혜와 사랑을 회상하며, 「어떤 선택」에서는 학창 시절 친구를 위한 선택을 통해 인생의 중요한 결정과 그 의미를 되새기고, 「선생님과 도가니탕」「모교 나들이」「그때 그 선생님」「그리운 금강산」 등에선 학창 시절의 추억과 은사님에 대한 존경, 그리고 음악에 대한 사랑을 보여준다. 표제작인 「지붕 위의 초상화」는 미술 선생님과의 인연을 통해 예술과 삶의 의미를 탐색하는 깊이 있는 성찰을 담고 있다. 삶의 중요한 순간과 선택, 그리고 그로 인한 기억들을 섬세하게 묘사하여 자신의 과거와 연결된 감정을 떠올리게 하며, 삶의 소중한 순간들을 다시 한 번 생각하게 만드는 작가의 따뜻한 회상과 진솔한 감정 표현이 돋보인다.

    8·15 광복 당시 우리 가족은 황해도 해주시에서 살고 있었다. 삼팔선을 경계로 해주시는 북한에 속하게 되었고 본가가 있는 황해도 옹진군 내 고향은 남한 땅이 되었다. 이렇게 우리나라 국토가 분단된 줄도 모른 채 나는 왼쪽 가슴에 이름표를 달고 유치원에 다니면서 마냥 즐겁기만 했다.
    아버지가 황해도청에 다니실 때의 우리 집 뜰에는 사철 피고 지는 꽃밭이 있었고, 각종 푸성귀와 토마토 오이 가지가 열리던 텃밭도 있었다. 한여름에 옥수수가 여물고 있는 울타리 안쪽에서 동네 아이들과 술래잡기하다가 엄마가 쪄주던 옥수수를 하모니카 부는 시늉을 하면서 먹으며 웃어댔다.

―「머나먼 고향」 중

비교적 부유한 가정에서 도청에 다니시는 아버지 덕에 부족함 모르고 살던 작가의 어린 날은 그야말로 그림 속 평화로운 고향

마을이었고 행복한 가정이었다. 그런데 6.25가 일어났다. 순간 모든 삶이 얽혀버리고 바뀌어버렸다.

그다음 날밤 엄마는 집안에 사람이 사는 것처럼 보이려고 불을 환하게 밝혀 놓고 살림살이를 그냥 남겨놓은 채 사람을 사서 이불과 옷 보따리와 그릇 몇 개를 싣고 집을 나섰다. 달구지에 다섯 살짜리 동생과 엄마와 나, 그리고 오빠와 언니가 타고 아저씨는 맨 앞에 앉아 소를 몰며 꽁꽁 언 길을 덜커덕거리며 갔다. 삼팔선에 근접해 살고있던 외당숙과 외당숙모는 새벽녘에 찾아온 우리를 보자 황당한지 난처한 표정을 지었고 엄마는 미안해 어쩔 줄을 몰라 하셨다.
ㅡ「머나먼 고향」 중

하루 사이에 바뀌어 버린 삶 그리고 인심, 작가에게 이 시기는 가장 감수성이 예민할 때인데 그런 상황을 만나고 보면서 얼마나 두렵고 무서웠을까. 그렇게 떠나온 고향, 결국 부모님은 1953년 7월 27일에 생긴 휴전선으로 북한으로 넘어가 버린 고향 땅을 밟아보지도 못한 채 영원한 실향민의 신세로 잠드셨다. 그런 전쟁과 피난살이 중에도 추억은 생겨났다.

철없이 지낸 해주에서의 기억과 월남하려고 숨어 지내며 동생까지 잃어버린 외갓집에서의 슬펐던 기억과 아슴푸레하지만 2년 남짓 온 가족이 평안하게 살았던 용호도는 나에게 가슴 아프고도 아름다운 추억을 안겨준 잊지 못할 곳이다.

　월남과 피난살이의 역경 속에서도 우리 5남매를 키우고 일가친척들까지 거두셨던 부모님의 은혜에 감사하며 용호도에서의 행복했던 시절을 되뇌어본다.

―「가슴 설레는 그리움」

　그 힘들고 어려운 중에도 5남매 자식을 안전하게 살리고 먹이기 위한 부모님의 노력은 얼마나 컸을까. 어린 가슴에 용호도의 기억이 행복한 시절로 추억되는 것은 부모님의 남다른 헌신과 희생이 있었기 때문일 것이다. 그때를 추억하는 지금 그것이 그냥 아름다운 전설로 기억되는 것도 삶은 지나면 추억이 된다는 또 하나의 진실인가.

　6·25전쟁 때 열 살 소녀가 어느새 여든의 할머니가 되어 70년 전 아름다운 저녁노을이 서러웠던 고향의 푸른 언덕을 생각한다. 문득 앞마당 건너 수양버들이 늘어진 연못 근처 우물가에서 들려오던 아주머니들의 구수한 입담과 익살스러운 표정들이 떠오른다. 의관(衣冠)을 정제하신 그때의 할아버지가 사랑채에 앉아 지으시던 평온한 미소가 그리워진다.

　할아버지 댁에서 보냈던 99일 동안의 아름다운 추억들은 살아 있는 전설이 되어 내 안에서 영글어 간다.

─「99일간의 전설」

　언젠가는 갈 수 있을 것으로 생각되던 그리운 곳들이 그리움으로만 남겨져 오늘에 빛바랜 사진처럼 보여지는 것은 세월이 약이라는 말의 실증인가. 그런데 지나버린 것들 속에서 유난히 선연히 몇 가지 기억들이 더 떠오르는 것은 무슨 이유일까.

　불현듯 옛날 진이와 같은 자리에서 입학식과 졸업식을 했던 생각이 난다. 그때 진이는 무시험에선 실패했으나 곧장 실시한 본고사를 치르고 합격했다. 대학 입학원서에 내가 지망학과를 번복했다는 사실은 여태껏 진이는 물론 누구에게도 함구해 왔는데 이제야 털어놓는다.

─「어떤 선택」 중

　친구만큼 소중한 존재가 있을까. 친구따라 강남 간다는 말도 있지만 친구이기에 자신의 인생에 가장 중요한 결정일 수도 있는 것조차 바꿀 수도 있다는 것을 보여준 이선재의 희생적 우정은 가히 진정한 친구답다 하지 않을 수 없다. 여전히 비밀인 그 사실이 이번 책에서 비로소 밝혀지지만 그토록 친구를 아끼고 사랑하는 마음이 오늘까지의 이선재를 이끌어 준 중심적 마음일 것이다.

대입 경쟁이 지금같이 치열하지 않았던 먼 옛날, 고3때의 즉흥적인 순간의 선택이 명예롭게도 내 인생에 선생이란 이름표를 붙여준 행운의 열쇠였나 보다.

―「어떤 선택」 중

그런데 신은 이런 아름다운 우정을 그냥 보고만 있지 않으셨던 것 같다. 부모님의 말씀까지 어긴 안타까운 결정으로 손해를 보는 것 같았지만 그 길을 통해 오히려 더 명예롭고 자랑스런 삶으로 이어졌으니 이거야말로 꿩 먹고 알 먹는 수지 맞은 행운이 아닐까. 그때의 그 진이는 약대를 나와 '세 아들의 어머니로 아직도 약국을 하고' 있으니 그걸 비밀스럽게 바라보는 이선재 작가의 표정을 생각하면 그 마음 또한 대단히 흐뭇했을 것으로 생각된다. 그리고 잘 자란 세 아들과 평생 직업을 잘 누리고 있는 '진이가 새삼 훌륭하게 보인다'는 마음도 얼마나 예쁜가.

내게 〈초가집〉을 주신 5년 후 선생님은 환갑도 못 넘기고 돌아가셨다. 그림에 재능이 뛰어났던 숙희도 팔십 되던 해에 저세상으로 갔다.
우리네들 마음속 고향이기도 한 이 〈초가집〉에 담겨있는 미학적 메시지가 많은 사람을 위로해 주며 사랑받는 명화로 세상에 널리 알려졌으면 좋겠다.

―「지붕 위의 초상화」 중

이선재 작가는 학창시절에 선생님들로부터도 많은 사랑을 받은 것 같다. 그것만 봐도 이선재 작가가 학교생활을 얼마나 성실하게 했으며 학우들과의 관계나 성적 및 사제지간의 관계까지 아주 잘 가졌다는 것을 알 수 있다.

나는 홀린 듯이 액자 속의 초가지붕에다 선생님의 초상화를 마음으로 그려본다. 그림에 대한 집착과 욕망, 생전의 엇갈린 애증과 번뇌에서 벗어나신 듯, 선생님의 얼굴은 의연하고 평온하기가 이를 데 없다.
초상화가 그려진 볏짚 낱개들 사이사이로 봄기운이 스며든다.
―「지붕 위의 초상화」

선생님의 선물은 「초가집」이라는 그림 선물이었는데 그걸 주신 선생님은 환갑도 못 넘기고 세상을 떠나셨다. 작가는 그게 더 안타깝고 해서 그 그림 '초가집' 위에 선생님의 초상화를 올려놔 보기도 한다. 그런 마음이 등단작 「지붕 위의 초상화」로 탄생했고, 이번 수필집의 제목이 되기도 했다. 선생님을 향한 그리움은 시간이 가도 옅어지지 않는다. 그 선생님의 그림과 선생님 모습을 그려보며 작가는 삶 속에서도 선생님과 동행하고 싶어 한다.

2부 '미화된 기억'은 패션 전문가로서 패션과 문화에 대한 작가의 통찰을 엿볼 수 있는 부분으로「패션의 물결 속에서」는 패션의 사회적, 문화적 의미를 분석한다.「런던 거리의 펑크 바람」과「스트리트 패션」에서는 런던에서의 경험을 바탕으로 다양한 패션 스타일과 그 배경을 이야기한다.「미화된 기억」과「한복, 그 영원의 메시지」「한복 사랑의 전설」에서는 한복에 대한 깊은 애정과 자부심을 드러내며, 한복이 가진 역사적, 미학적 가치를 강조한다.「추억으로 하는 여행」「경주의 그날」「긴 겨울밤의 꿈」「알래스카 하이웨이의 천사들」은 여행을 통해 얻은 경험과 깨달음, 그리고 타인과의 소중한 인연을 이야기하며 삶의 아름다움을 되새긴다. 문화와 패션, 여행 등 다양한 기억들을 통해 자신의 삶을 풍부하게 보여주면서 세계 각지와 한국의 전통을 넘나드는 경험들을 담고 있다. 특히 자신의 폭넓은 시야와 문화적 자부심을 느끼며 독자에게도 다양한 문화적 풍경을 상상하게 하는데 과거의 기억들이 현재와 연결되어 삶의 의미를 더하는 점이 아주 인상적이다.

남들과 동질감을 느껴야 안정감을 느끼면서도 또 남과는 다른 어떤 개성적 요소를 추구하는 것이 인간이다. 이러한 기본적인 인간 심리로 인하여 무수한 패션이 성쇠를 거듭하고 있다. 우리가 입는 옷, 대화, 음식, 라이프 스타일, 여행 및 레저 활동에 이르기까지 패션의 영향이 미치지 않는 것이 없다.
―「패션의 물결 속에서」 중

　특히 인간의 본성은 남과 다르고 싶다는 욕망과 남과 같고싶다는 동질감이 함께 작용하는 존재로 이러한 심리적 작용이 패션에도 영향을 미친다. 새로운 질서를 만들어내기 위한 생산적 파괴가 일어나며 그러한 문화적 충격과 변화가 또 다른 문화를 창조해 내는 역할을 한다고 말한다. 이선재의 이런 패션관이 정밀하게 또는 내밀하게 학문적으로 연구되고 표출되어 많은 선한 영향력을 펼쳤을 것으로 생각된다.

　펑크는 새로운 질서를 위한 파괴적인 행위로 히피의 경건한 지식주의에서 벗어나 반 지식주의 또는 반 성취주의를 추구한 저항문화의 하나다. 아프리카의 원시 문화를 동경하고 보헤미안적 경향을 보이는 펑크패션은 주로 록 음악 연주자나 질서와 균형을 무시한 예술 파괴주의자들인 아방가르드한 젊은 예술가들 사이에서 열광적으로 퍼져나갔다.
―「런던 거리의 펑크바람」 중

　스트리트 패션은 거리의 젊은이들, 이른바 신세대의 의복 착용에서 새로운 아이디어가 나오고 이를 하이패션 디자이너들이 받아들인 후 상품화하여 다시 일반대중에게로 돌아가는 패션의 흐름을 갖고 있다.
―「스트리트 패션」 중

그는 특히 한복에 대한 애정이 크다. 그건 애정의 정도를 넘는 나라사랑 곧 애국심의 발로다. 영국으로 갈 때 가져가야 할 것이 얼마나 많았을까만 굳이 한복을 가져가는 그의 마음과 그 결과 졸업작품 패션 쇼때 한복 특별무대를 만든 것도 한복의 진정한 아름다움을 보여주기 위한 그의 마음이었다. 한복을 향한 그의 깊은 애정과 진정한 우리 것을 함께 소중히 하고 의미를 깊이 새기는 일에 모두가 함께 해야 한다는 그의 마음은 학문과 실생활을 연결시키고 그런 연결이 진정한 복식연구와 생활복의 발전을 함께 가져올 것으로 믿었던 것이다.

졸업작품 패션쇼 때 나는 창작 의상을 발표한 후 한복을 위해 마련한 특별무대에 섰다. 매화를 수놓은 분홍색 치마저고리 위에 자주색 당의를 입고 런웨이를 걸었다. 곧이어 영국 남학생이 모델이 되어 바지저고리에 마고자 차림으로 런웨이를 돌고 내 옆에 섰다. 나는 "지금 보신 이 옷은 한국 일반 서민들의 평상복입니다." 그리곤 남학생은 진회색 두루마기, 나는 팔에 걸치고 나왔던 청남색 두루마기를 입고 흰 목도리를 두르고 나서 "이 차림새는 서민들이 외출할 때 입는 평상복입니다. 행운을 기원하는 혼례복이나 불효와 슬픔을 예(禮)로 나타내는 상복이나 제례복은 평상복과 다릅니다."라고 더듬거리며 설명했다.

다섯 살배기 내 딸내미는 빨간 치마에 색동저고리를 입고 구슬과 꽃자수로 장식한 조바위를 쓰고 오색주머니를 들고 무대에 올랐다. 깡총한 치마 밑으로 타래버선과 꽃고무신이 보였다. 지인의 아들내미는 바지저고리 위에 금박으로 선을 두른 전복을 입고 장신구를 매달은 전대를 허리에 맨 후 복건을 썼다. 우리 넷은 무대 중앙으로 나가 관중에게 인사를 했다. 처음엔 신기하다는 듯 잔잔한 미소만 짓고 있던 그들은 일반 서민들의 외출복인 평범한 한복을 보았을 뿐인데도 그 아름다움과 우아함에 감탄하며 환호했다.

―「미화된 기억」 중

　　전통한복에서 말하는 음양오행설이란 남자는 양(陽)이요 여자는 음(陰)이다. 청색(靑色)은 정색(正色)이라 양이고 홍색(紅色)은 적색과 백색 사이 색으로 간색(間色)이라 음이다. 혼례 시 입는 신랑의 청색 관복과 신부의 홍색 활옷은 이성의 결합이며 만복의 근원이라는 음양의 결합을 의미한다. 혼인은 일생을 통해 가장 경사스러운 의식이므로 혼례일만큼은 서인도 제왕의 위치에서 많은 사람들로부터 축하를 받는 권위와 영광을 부여하였다.

　　활옷에는 모란, 연꽃, 불로초, 나비 등 이외에 십장생을 수놓아 부귀영화와 장수와 다남을 기원하는 상징성을 표현하였다. 이렇게 먼 옛날의 추억을 더듬다 보면 저절로 행복해진다. 나는 한국복식연구가 주 전공은 아니지만 한국의 역사와 문화와 우리 민족이 추구하는 미적 가치와 상징성, 그리고 자연의 이치를 품고 있는 한복에 무한애정과 긍지를 갖고 있다.

―「미화된 기억」 중

이선재의 한복 사랑은 심미적이면서도 옛과 지금을 연결하는 고리로도 작용하며 그 안에서 누구나가 가슴에 품고 있는 어머니의 모습으로 이 모든 것을 형상화하고 의미화 해 낸다.

발을 옮겨놓을 때마다 치맛자락 사이로 살짝 엿보이는 새하얀 속치마와 버선목에선 에로틱하고 신비한 기운마저 감돌았다.
오늘 본 중년 여인의 한복이 아름다운 나래를 펼치면서 내는 비단 치맛자락 스치는 소리가 귓가에 맴돈다. 순간 먼 옛날 평생 한복만 입으셨던 어머니의 정겨운 한복 모습이 전하던 그 영원의 메시지가 가슴 속으로 스며든다.
―「한복, 그 영원의 메시지」 중

이선재의 문화 사랑은 한복에만 머무르지 않는다. 한복을 통해 옛과 지금을 보고 연결하듯 그의 눈은 문화 유산에도 심미안을 발동한다. 그의 눈은 추상과 구상이 공존하고 옛과 지금이 동조하는 문화, 동적인 것고 정적인 것이 오묘하게 조화를 이루는 곳이 경주라고 보았다.

우리는 선조가 살아온 모습을, 외국인은 통일신라시대의 천년고찰과 불교 문화의 진면목을 볼 것이다. 경주에 얼마나 많은 시간의 흔적이 남아있는가, 이를 느낄 수 있는 사람들에게만 보인다는 것도 얼마나 절묘한가. 불상이나 석탑이나 사찰의 지붕과 돌계단에 이르기까지 추상과 구상이 공존하고 과거와 현대가 나란히 동조하며, 동적인 것과 정적인 것의 오묘한 조화가 경주라는 신비롭고 편이한 곳에서 영기(靈氣)에 용해되어 숨 쉬고 있었다.

─「경주의 그날」 중

그런 그여서일까. 천상 교육자인 그는 내 나라에서 뿐 아니라 다른 나라에서도 그의 눈과 마음은 오로지 내 나라와 나와 내 가족이 중심이 된다. 아내로 엄마로의 역할은 당연한 거고 언제 어디서든 학생들을 좀 더 열심히 가르치지 못했다는 자격지심으로 하나라도 더 보고 깨달아 그걸 전하고 싶다는 생각을 한시도 버리지 못한다. 그런 마음들이 「긴 겨울 밤의 꿈」에도 잘 나타나 있다.

하이웨이를 달리면서 나는 알래스카의 장엄하고 경이로우면서도 천연 그대로인 신비로움에 압도당하기도 하면서 무아지경에 빠지곤 했다. 감히 범접할 수 없는 대자연의 순수 그 자체에 한없이 작아진 나는 알게 모르게 범했을 과오를 반성했다. 부모님의 사랑은 당연한 걸로 알고 고마움을 표하지도 살갑게 굴지도 못했다. 학생들에게는 더 열심히 가르치지 못하고 따뜻하게 대해주지 못한 것 같아 후회되었다. 생활에서 얻어낸 지혜가 부족하고 무심한 성격 탓에 미처 남의 심중을 헤아리지

못하고 지나쳤을 수도 있었을 나에 대한 성찰과 삶의 의미를 되새겨
보게 한 특별한 여정이었다.
―「긴 겨울 밤의 꿈」 중

  3부 '인연의 꽃들'은 다양한 인연들을 통해 삶의 의미를 찾아가는 작가의 따뜻한 시선이 느껴진다. 「그해 여름은 행복했네」는 가족 여행의 추억을 통해 가족의 소중함을 다시 한번 일깨워 주면서 인간관계와 인연에 대한 이야기를 담고 있다. 「중매쟁이가 된 교수님」 「운명이 바꾼 사랑」 등은 사랑과 우정, 인연의 소중함을 따뜻하게 그려내고 있다. 작가는 인연이 삶에 어떤 의미를 갖는지, 그리고 그 인연들이 어떻게 삶을 풍요롭게 하는지에 대해 섬세하게 풀어내며, 독자에게도 소중한 사람들과의 인연을 돌아보게 하는데 인간관계의 아름다움과 운명적 만남의 신비로움을 느낄 수 있게 한다.

  그렇게 바쁘게 살다 보니 가족들과의 단란한 여행도 쉽지 않았다. 안팎으로 바쁜 그에게 행복한 한 때가 선물처럼 다가오는데 그때가 37년 전이다.
  여행이란 쉼이기도 하지만 그 쉼을 통해 새로운 계획과 창작력을 키우는 때도 된다. 무엇보다 늘 마음 속에 아내로 엄마로

충분히 사랑을 펼쳐내지 못한다는 생각을 갖고 있는 게 일을 하는 주부의 마음이 아닐까. 그런데 그에게 이 모든 것을 채울 수 있는 기회가 생긴다. 이선재는 이 때를 '그 해 여름은 행복했네' 란 표현으로 고마움과 행복을 표현한다.

'37년 전 뜨거웠던 여름, 삼 남매를 뒷좌석에 앉히고 다섯 식구가 미국 서부지역을 둘러보던 그때가 내 생애 최고의 가족여행이었다.' 고 말한다. 어쩌면 가장 행복했던 때가 아녔을까 싶다.

나는 그 당시 뉴욕대학교에서 패션머천다이징과 소비자행동을 강의하던 Patricia M. Mulready 교수와 공동연구를 하게 되었다. 우리는 맨해튼 중심가인 5번가의 고급 백화점들과 고가의 의류전문점과 그리고 7번가와 9번가의 의류 소매상가와 액세서리점을 누볐다. 주로 신상품의 디자인 기획과 분석, 제품의 유통과 홍보 및 디스플레이 등 판매촉진에 대한 공동프로젝트를 진행하기 위해서였다. 그러면서 FIT(뉴욕주립패션공과대학) 연구반에 등록해 입체재단과 창작의상디자인을 수강했다. 작품을 제작할 때나 품평회를 할 때마다 훗날 내 학생들에게 가르칠 입체재단 기법과 지도 방법을 모색하곤 했다.

1988년 5월 미네소타 주립대학에서 개최했던 16차 세계가정학회 학술대회에서 나는 「한국 성인 여성의 가치관과 의복 행동과의 상관관계」를 발표했고 한국에서 참석한 학자들과 함께 미네소타대학에 재직 중인 교수 집에 초대받기도 했다.

—「그 해 여름은 행복했네」 중

  기억하고 싶은 일들이 어찌 이 뿐이겠는가마는 이선재는 '그 해 여름'을 가장 잊지 못하고 있다. 뒷좌석에 삼 남매를 태우고 앞에 부부가 타고 여행을 하는 모습을 상상해 보자. 아이들은 셋이서 뒷좌석에서 어찌하고 있었겠는가. 쉴새 없이 그들만의 얘기에 빠져 있을 것이고, 앞 좌석의 부부 또한 오랜만에 많은 이야기를 나누지 않았겠는가. 가끔은 뒤에서 들려오는 아이들의 소리에 귀도 기울이고 앞 자리의 엄마 아빠에게 참견도 했을 차 안의 풍경은 그런 엄청난 일들을 기획하고 실행하는 숨가쁜 시간들을 밀어놓고 진정한 한 가정의 축복된 시간을 맞는 감격으로 오래도록 그 순간이 잊혀지지 않는 것이 아닐까.
  또 하나 잊을 수 없는 일이 있다. 일생의 가장 중대사일 수 있는 결혼, 그 결혼을 이뤄준 교수님을 잊을 수 없음이다. 친정엄마가 안 계셔서 아버지 혼자 앉아있는 혼주석에 친정엄마를 대신하여 그 자리에 앉아주신 엄마 같은 교수님, 그 결혼을 위해 여러 가지로 애써 주셨던 것을 생각하면 어머니와 다름없는 교수님이셨다. 중풍으로 고생하다 가신 어머니 생전에도 아이들의 생일까지 일일이 챙겨주셨다니 그게 어찌 사제지간의 정으로만였겠는가.

결혼식 날 가족사진을 찍을 때 아버지 혼자서 앉아계신 걸 보신 교수님은 선뜻 친정엄마 자리에 와 앉아 주셨다. 평소 예법과 체면을 중시하시던 교수님이신데도 시댁 친척들과 하객들에게 설혹 친정엄마 자리가 비는게 흠이 될까, 염려돼 용단을 내리셨던 것 같다. 더구나 빨리 가서 앉으라고 하셨다던 사부님의 통 큰 이해심에 감복할 따름이다.

중풍으로 몇 년 고생하시다 떠나신 어머니를 대신해 교수님은 시댁 대소사나 아이들 생일을 잊지 않고 축하해 주셨다. 엄마 같은 교수님, 내 평생의 은인이신 교수님은 정년퇴임을 몇 달 앞두고 돌아가셨다. 받을 줄만 알았지 베풀기는커녕 갚을 줄도 모른 채 살아온 나 자신이 이제와서야 부끄러워진다.

─「중매장이가 된 교수님」 중

이번 수필집의 수필들을 읽으면서 가장 특별하다 생각된 것은 요즘 교육 환경에서는 도저히 이해되지도 생각할 수도 없는 일들이 옛날의 교육현장에서는 너무나도 당연하게 이뤄지고 있었다는 것이 참으로 가슴을 아프게 한다. 무엇이 우리 교육환경을 이리 만들어 버렸을까. 언제부터 우리의 선생님 그리고 제자관이 물물거래처럼 되어버린 것일까. 안타까움과 부러운 마음을 동시에 느끼면서 많은 후회와 반성을 하게 된다. 아울러 이번 수필집을 통해 이 책을 읽는 이들마다 이런 안타까움과 아쉬움을 느끼지 않을까 싶어진다.

4부 '내 사랑 숙명'은 삶의 의미와 책임, 그리고 꿈에 대한 성찰로 작가가 자신의 삶과 직업, 그리고 소속된 대학에 대한 깊은 애정을 담아내고 있다. 「아주 멋진 하루」와 「모처럼 함께한 우리」에서 느껴지듯이, 일상 속에서 찾은 소중한 순간들과 함께하는 사람들에 대한 감사와 사랑이 가득 묻어나며, 「버려진 피아노」는 과거의 추억과 잊혀졌던 꿈에 대한 은유로, 삶의 소중한 가치를 다시금 일깨우는 의미심장한 이야기다. 「내 사랑 숙명」은 저자가 자신의 운명과 삶의 길을 자연스럽게 받아들이면서도, 그 안에서 의미를 찾고자 하는 태도를 보여주면서 대학인으로서의 사명감과 책임감, 그리고 교육과 학생들을 향한 따뜻한 마음이 진솔하게 드러난다. 「제2 창학과 새로운 학생문화」「학생복지 중심 대학」은 저자가 대학의 발전과 미래를 위해 헌신하는 모습을 보여주며, 자신의 역할에 대한 자부심과 책임감을 느끼게 한다.

이 4부는 저자가 자신의 인생을 하나의 숙명으로 받아들이면서도, 그 안에서 희망과 꿈을 키우는 모습이 자상하게 다가온다. 삶의 의미를 깊이 성찰하며, 자신과 주변 사람들, 그리고 후배들을 향한 따뜻한 마음이 느껴져서 독자에게도 자신의 삶과 책임, 그리고 꿈에 대해 다시 한 번 생각하게 하는, 의미 있고 감동적인 부분이다. 작가가 평생 몸 바친 교육의 현장에서의 삶의 목표와 가치관, 그리고 '숙명'에 대한 사유는 「대학인의 의사표시와 대학 언론」 등 삶의 의미와 책임, 그리고 꿈에 대한 이야기도 담고 있는데 대학과 교육에 대한 애정과 자부심이 드러나며, 자신의 역할과 사명, 삶의 방향성과 자아실현에 대한 깊은 성찰을 보여준다.

    나는 졸업과 동시에 교직의 길을 걸었다. 교사와 신구전문대학교에서 근무하면서 석·박사 학위를 밟고 런던과 뉴욕에서 패션 공부를 한 후 숙명적(宿命的)인 인연인지 모교 의류학과 교수로 임용되었다. 석·박사를 포함한 제자들을 많이 배출하였고 다수의 논문과 전문 서적을 저술했다. 강의와 보직을 병행하면서 애교심을 키웠고 한국복식학회 회장과 패션마켓팅 회장과 전국여교수연합회 회장을 비롯해 여러 학회 활동에도 열심히 참여했다. 교직에 있으면서 내가 받은 혜택을 되갚는다는 생각에 사명감과 책임감을 갖고 열성을 다했다. 숙명의 딸로서 모교에서 받은 무한한 은혜를 갚을 수 있다는 생각에 기쁘기도 했다.
    ―「내 사랑 숙명」 중

    이선재의 숙명 사랑은 숙명적(宿命的)이라고 해도 과언이 아니다. 숙명(淑明)에서 교육을 받고 숙명(淑明)에서 아이들을 가르치고 숙명(淑明)의 명예교수로 산 삶이니 어찌 숙명적(宿命的)이라 하지 않을 수 있겠는가. 그런 만큼 누구보다도 숙명에 대한 사랑도 컸으리라. 「내 사랑 숙명」에서 보여주는 그의 사랑 또한 가히 숙명적(宿命的)인 것 같다.

 무엇보다 춤을 좋아하는 친구들과 만나 밥도 먹고 수다를 떠니 우울하거나 외로울 틈도 없다.
 인생 후반의 선물인 치유와 화해의 라인댄스가 내겐 바로 보약이고 축복이다. 이렇게 내 생활에 활력의 날개를 달아준 라인댄스를 즐기면서 아름답게 늙어가리라.
 라인댄스 포에버!(Line Dance Forever)

—「라인댄스 포에버」중

 여든 살이 되던 해 감히 엄두조차 내지 못했던 글쓰기 공부를 시작해 책가방을 메고 집을 나설 때의 기분은 그 어느 때보다 뿌듯하고 행복하다.
 가방은 소지한 사람의 부와 신분 상승의 상징이자 개성과 취향을 나타내는 무언의 통신자로서 외관을 꾸며주는 패션의 완성품이다. 또한 필요한 물건을 보관하고 운반해 주는 실용적이고 기능적인 역할을 한다. 아무 때나 뭘 넣고 어디를 가든 가방은 아무 말 없이 받아주기만 한다. 신분증과 카드와 휴대폰을 보관해 주면서 내 신상까지 대변해 주는 가방은 내 생활이 안전하고 편리하도록 해결해 주는 내 분신이라고도 할 수 있다.

—「동행」중

뒷모습이 아름다워야 진정으로 아름답다고 한다. 인생의 뒷모습이라면 언제쯤일까. 나이가 든다고 다 성숙해 진다고는 볼 수 없다. 더욱더 자신을 단련하고 아름답게 해야 성숙한 모습을 보일 수 있다. 이선재 삶의 방식은 지극히 자주적이고 행동적이다. 평생을 능동적으로 교단에 있었기 때문일 수도 있겠으나 마음이 먼저여야만 행동이 따를 수 있다. 뒷모습이 아름다운 삶을 만들기 위해 이선재 교수는 두 가지를 택한다. 하나는 육체적인 건강 유지를 위해 라인댄스를 하는 것, 또 하나는 내면의 아름다움을 만들어내기 위하여 글쓰기를 하는 것이다. 이 두가지 또한 열정적으로 해내었기에 멋진 삶의 모습을 보여주고 있다. 라인댄스는 '인생 후반의 선물인 치유와 화해의 라인댄스가 내겐 바로 보약이고 축복'이라고 생각한다. 그런가 하면 '여든 살이 되던 해 감히 엄두조차 내지 못했던 글쓰기 공부를 시작해 책가방을 메고 집을 나설 때의 기분은 그 어느 때보다 뿌듯하고 행복하다'고 말한다. 이런 아름다움을 만들어 내고 지켜내기가 어찌 쉬운 일이랴만 이선재 작가는 그걸 당연한 수순으로 받아들이면서 이를 즐긴다. 멋진 삶의 모습이 아닐 수 없다.

그런 그의 마음이기에 세상을 보는 눈도 평화롭고 애정적이다. 어느 날 그는 비를 맞고 있는 피아노학원에서 내다 버린 피아노를 보면서 지난 날을 생각한다. 특히 딸과 관련하여 자신의 꿈과 딸의 꿈 사이에서 과감히 딸의 선택을 받아들인 모습을 보여준다.

딸은 자기 애들이나 가르치는 학생들이나 친지들의 일상에서 일어나는 좋은 일을 찾아내 축하의 박수를 치면서 살고 있다. 그 박수를 칠 때 나오는 힘과 감탄사는 박수를 받는 사람은 물론 그 주변의 사람들에게까지도 선한 영향력으로 모두를 행복하게 한다.
사람들로부터 박수받기보다는 박수 치며 사는 것이 나름 보람된 삶임을 이젠 알 것 같다.

—「박수 치며 살래」중

아름다운 뒷모습은 어쩌면 '사람들로부터 박수받기보다는 박수 치며 사는 것이 나름 보람된 삶임을' 아는 것이 아닐까.
5부 '은은한 향처럼'은 인생의 깊이와 인간미를 담은 회고로 작가가 인생의 여러 시기를 돌아보며 느낀 감정과 인간미를 섬세하게 풀어낸 글들이다. 「가정대학 60주년의 소회」와 「초대작가 은은한 향처럼」은 저자가 자신의 인생과 문학적 여정을 자연스럽게 연결하며, 그 속에서 느낀 감사와 자부심을 전한다. 「초대작가 가을 숲을 걸으며」와 「생동의 시절」은 자연과 삶의 아름다움을 은유적으로 표현하며, 삶의 깊이와 평온함을 느끼게 한다.
「조용하고 부드러운 품격의 저력을 배운다」는 인생을 통해 배운 품격과 겸손, 그리고 인간미를 담고 있고, 「오페라의 마지막 에필로그 막은 올랐습니다」는 인생의 한 장면이 끝나가는 섬세한 감정을 표현하며, 삶의 아름다움과 덧없음을 동시에 느끼게 한다. 「훈훈한 인간미」와 「이선재 교수님을 기리며」는 작가가 맺은 인연, 그리고 그로부터 받은 따뜻한 가르침을 회상하며, 인간관계의 소중함을 다시 한번 일깨워 준다.

이 5부는 작가가 인생의 여러 순간을 조용히 돌아보며, 그 속에서 배운 것들과 느낀 감정을 자연스럽고 부드럽게 풀어내어, 독자에게도 삶의 깊이와 인간미를 느끼게 하는데 따뜻한 문장과 성찰적인 태도가 어우러져, 읽는 이로 하여금 삶의 소중함과 감사의 마음을 새롭게 한다. 이선재 작가가 느끼는 삶의 깊이와 인간미를 함뿍 담고 있다.

지금도 정말 잊히지 않는 것은 제가 재직 중인 대학에 지원했을 당시, 교수님의 따님도 대학에 지원하던 중이었습니다. 교수님께서는 사랑하는 딸의 수능시험 결과와 함께 제자의 임용 결과도 초조하게 기다리시던 모습이 생생히 기억납니다. 그때 교수님께서는 저에 대한 꿈을 꾸셨다면서 그 꿈이 좋은 결과를 예견하는 꿈인 것 같다고 하셨습니다. 그러시면서 "왜 우리 딸 꿈은 안 꾸고 네 꿈만 꾸는지 모르겠다."고 하시면서 환히 웃으시던 모습을 저는 지금도 잊을 수가 없습니다. 그리고는 교수님의 예견대로 좋은 소식을 통보받고 저도 모르게 저희 부모님과 남편보다 교수님께 제일 먼저 이 소식을 전해드렸습니다. 부모와 자식의 연보다 높은 스승과 제자의 연에 대한 소중함을 일깨워 주었던 하나의 추억이었습니다.

―「교수님과의 소중한 인연에 감사하며」 중

　전반적으로 이 수필집은 작가의 인생 경험과 감정을 진솔하게 풀어내어, 독자와 깊은 공감대를 형성한다. 전체 5부가 서로 유기적으로 연결되어 있으며, 삶의 다양한 면모를 섬세하게 보여준다. 따뜻한 문장과 성찰적인 내용이 어우러져, 누구나 쉽게 공감하고 위로받을 수 있는 작품들로 읽는 동안 많은 감동과 생각을 얻을 수 있는 수필가 이선재의 모습을 진솔하게 보여준 수필들이다.

3. 이선재 수필들이 추구하는 것

　최근 우리 문학계에는 과거의 개인적 체험, 특히 유년기, 청년기, 전쟁기, 산업화기 등의 시절을 다시 되짚으며 오늘의 시선으로 성찰하려는 수필이 증가하고 있다. 이는 단순한 '옛날 이야기'가 아니다. 오히려 그것은 "나는 누구였는가"라는 질문과 "나는 지금 누구인가"라는 성찰 사이에 놓인 기억의 다리를 건너는 일이며, 그 위에서 삶의 연속성과 내적 일관성을 확보하려는 서사적 시도다.

문학비평적 관점에서 볼 때, 이러한 수필은 자기서사(narrative identity) 이론과 깊은 관련을 가진다. 프랑스 철학자 폴 리쾨르(Jean Paul Gustave Ricœur)는 인간의 정체성이 서사를 통해 형성된다고 보았다. 즉, 우리는 자신에 대한 이야기를 끊임없이 쓰고 고쳐나가며 '나'를 만들어 간다는 것이다. 수십 년 전의 이야기를 지금의 문장으로 다시 쓰는 일은 과거의 '나'와 현재의 '나'를 연결함으로써 정체성을 재정립하는 서사적 과정에 다름 아니다.

여기에 기억의 문학이라는 또 다른 관점이 결합된다. 문학에서 기억은 단순한 과거 재현이 아니라, 감정과 상징, 문화적 맥락 속에서 재구성되는 살아있는 이야기다. 프랑스의 사회학자 모리스 알박스(Maurice Halbwachs)는 집합 기억(collective memory)이란 말로 '기억은 항상 공동체적'이라고 했다. 개인의 기억이더라도 그것은 사회적 배경과 역사적 사건 속에서 구성되며, 특히 한국 현대사와 같이 급변한 시대를 살아온 세대에게 있어 기억은 곧 역사이며 자아의 거울이다. 따라서 이러한 수필은 사적이면서도 공적인 의미를 획득한다.

또한, 이러한 글쓰기는 노년기 문학 혹은 제4기 서사와도 연결된다. 삶의 후반기에 이르러 자신을 되돌아보는 글쓰기는 생의 성찰과 정리의 의미를 담는다. 물리적 시간은 흐르지만, 정신의 시간은 과거와 현재, 때로는 미래를 오간다. 노년기의 수필에서 자주 발견되는 회상적 글쓰기는 단순히 그리움이나 향수를 넘어, 삶의 진실과 지혜를 재발견하려는 문학적 태도라 할 수 있다.

포스트모던 서사 이론 또한 이와 같은 수필을 해석하는 데 중요한 틀을 제공한다. 과거는 단일한 사실이 아니라, 오늘의 감정과 언어, 가치관에 의해 재구성된 서사임을 인정할 때, 우리는 수필 속 과거 묘사가 현대적 자아의 반영임을 이해하게 된다. 이는 과거가 현재를, 현재가 과거를 비추는 거울로서 작용하는 문학의 이중적 시간성을 보여준다.

이러한 관점에서 볼 때, "수십 년 전의 삶을 오늘에 써내는 수필"은 단순한 회고적 문학이 아니라, 정체성의 서사, 기억의 재편성, 존재의 의미화 작업이라 할 수 있다. 그것은 '기억의 현재화'이며, '과거의 문학적 재탄생'이다. 그리고 그 중심에는 여전히 인간의 삶과 감정, 질문과 응시, 즉 문학의 본질이 놓여 있다.

이제 수필은 더 이상 잊힌 이야기의 형식이 아니다. 오히려 개인의 내면을 성실히 관찰하고 삶을 되짚는 그 글쓰기의 방식 속에서, 우리는 오늘의 문학이 해야 할 중요한 역할을 다시 발견한다. 문학은 결국 삶을 어떻게 해석하고 전승할 것인가에 대한 진지한 탐색이기 때문이다. 그런 점에서, 휘발성이 강한 오래된 기억을 오늘에 재현하여 써내는 수필은 지금 이 시대의 문학이 걸어가야 할 깊고 느린 길이다.

4. 나가며—다음 행보에의 기대

이 수필의 작가 이선재 교수는 '영국에서 많은 연구활동을 하셨고, 이어 미국에서 새로운 분야의 학문인 의상사회심리분야와 패션 마케팅 분야에서 학문의 과학적 체계를 세우시고, 훌륭한 논문과 저서를 많이 남기셨습니다. 특히 패션산업 현장 실무에 기초를 둔 전문 지식과 실무교육을 통해 사회적 지도자가 될 수 있는 많은 인재를 배출하였으며, 숙명여대에서 후학양성을 위해 심혈을 기울이셨습니다.'(숙명여자대학교 의류학전공 교수 손희순)라는 증언처럼 우리나라가 참으로 어려운 때 감히 내 몸치장은 생각조차 할 수 없던 때에 신사고혁명가로 패션문화를 일구시고 발전시키셨다. 가히 선각자이시다. 그런 분이셔서일까. 화가이며 한국복식학회 회장을 역임한 중앙대학교 의류학과 정흥숙 명예교수는 '내가 시를 외워서 암송하는 것을 즐기는 것도 이선재 교수님한 테서 배운 것이다. 2000년 여름, 아시아 조형학회에서 주관한 국제회의를 끝내고 양쯔강 cruise를 함께할 때 돌아가면서 차례대로 노래하는 기회가 있었는데 그때 이 교수님은 시 두 편을 암송하셨고 나는 그때 크게 감명을 받아 그 후로 나도 좋은 시를 외우는 습관을 갖게 되었다. 운전할 때나 지하철을 타고 다닐 때 외웠던 시를 밤에 자기 전에 되새겨 보면 쉽게 외워진다. 돌아가면서 차례 대로 노래를 시키는 기회에 시를 암송하는 것도 삶의 또 다른 즐거움을 갖게 한다. 지난 1월에 유럽으로 13박 14일 cruise여행을 하는 동안에도 차례대로 노래하는 기회에 시 두 편을 낭송하면서 이선재 교수님께 감사한 마음을 보냈다.'(「훈훈한 인간미」중)고 한다. 이런 선한 영향력이 80년 삶을 아름답게 살아오셨다는 증명이 아니고 무엇이겠는가.

전반적으로 『지붕 위의 초상화』는 삶의 다양한 순간들을 따뜻하고 섬세하게 포착한 수필집으로, 누구나 공감할 수 있는 이야기와 감동이 가득한 작품들이다. 이선재 작가의 수필집『지붕 위의 초상화』는 일상의 소소한 순간들을 섬세하게 포착하여 독자에게 깊은 공감을 이끌어 내는 작품들로 구성되어 있다. 작가는 특유의 따뜻한 시선과 진솔한 문체로 독자의 마음을 어루만지며, 삶의 다양한 단면을 지붕 위에 비유하여 그려낸다.

작가는 일상 속에서 흔히 지나칠 수 있는 순간들을 예리한 관찰력으로 포착하여 일상의 재발견을 한다. 인간적인 면모를 진솔하게 드러내는데 탁월한 능력을 보이면서 인간미 넘치는 이야기를 빚어낸다. 삶의 희로애락을 균형 있게 담아 삶의 희로애락을 나타낸다. 독자에게는 따뜻한 위로와 희망을 전하는 메시지가 된다.

이선재 작가의 『지붕 위의 초상화』는 이처럼 일상의 소소한 순간들을 통해 삶의 진실을 탐구한다. 이 수필집은 독자에게 깊은 공감과 감동을 선사하며, 일상의 소중함을 일깨우는 역할을 할 것이다. 이선재 작가의 다음 행보가 더욱 기대되는 이유도 바로 이러한 점에 있다.

끝으로 이인자 시인(서경대 석좌교수·건국대 명예교수)께서 주신 시의 한 부분을 올림으로 이선재 교수님 작품에 대한 느낌을 마무리 하려 한다.

이제 오페라의 에필로그를 알리는 마지막 무대는 올라갔습니다.
이미 끝낸 1막 2막의 지나간 영욕의 세월 모두 접어두고
앞으로 살아갈 일만 생각합시다.
욕심 부리지 말고, 대접 받으려 들지말고
남들을 바꾸려다 마음 다치지 말고, 내가 바꿔지려 노력하여
즐거운 마음으로 건강하고 아름답게 늙어서

내 인생이라는 오페라의 마지막 에필로그가 끝났을 때
남아있는 관중인 우리의 자식, 제자, 그리고 지인들이
참으로 아름다운 삶을 살다 갔다고 기립박수를 보낼 수 있게

그렇게 아름답게 살아갑시다

—「오페라의 마지막 에필로그 막은 올랐습니다」 중

최원현 nulsaem@daum.net

『한국수필』로 수필, 『조선문학』으로 문학평론 등단. 한국수필창작문예원장·사)한국수필가협회 명예이사장. 사)한국문인협회 부이사장(역임)·국제펜한국본부·국립세계문자박물관·범우문화재단·문학의집서울 이사. 한국수필문학상·현대수필문학상·펜문학상·조연현문학상·한국문학상 외 다수 수상, 수필집 『날마다 좋은 날』, 『그냥』, 『누름돌』 등 24권, 중학교 『국어1』, 『도덕2』에 수필, 고등학교 『국어1』, 『문학 상』에 수필 이론 실림.

이선재 수필집

지붕 위의 초상화

2025년 9월 10일 초판 1쇄 발행

지은이 이선재 | 펴낸이 김은영 | 펴낸곳 북나비
출판신고 2007년 11월 29일 제380-2007-00056호
주소 04992 서울시 광진구 자양로9길 32 4층(자양동)
전화 (02)903-7404, 팩스 02-6280-7442
booknavi@hanmail.net
블로그 www.booknavi.co.kr

ⓒ 이선재 2025
ISBN 979-11-6011-163-7 03810

※ 이 책의 저작권은 저자에게 있으며 출판권은 북나비에 있습니다.
※ 이 책의 전부 또는 일부를 이용하시려면 저작권자와 북나비의 동의를 받아야 합니다.
※ 책값은 뒤표지에 있습니다. 잘못된 책은 바꾸어 드립니다